John & Stacey Lynch | Bill & Grace Thrall | Bruce & Janet McNicol
Glückliches Familienleben

GLÜCKLICHES FAMILIENLEBEN

Ein Roadtrip zu Heilung und Vertrauen

John & Stacey
LYNCH

Bill & Grace
THRALL

Bruce & Janet
McNICOL

Die amerikanische Originalausgabe erschien bei Trueface, Phoenix, AZ 85020, USA unter dem Titel *The Cure & Parents*. Copyright © 2016 by John Lynch, Bruce McNicol und Bill Thrall. All rights reserved.

Die Deutsche Nationalbibliothek verzeichnet diese Publikation in der Deutschen Nationalbibliografie; detaillierte bibliografische Daten sind im Internet über https://portal.dnb.de abrufbar.

Bibelzitate, sofern nicht anders angegeben, wurden der *Neues Leben Bibel* entnommen.
© 2017, SCM R.Brockhaus im SCM-Verlag GmbH & Co. KG, Witten. Alle Rechte vorbehalten.
Alle Bibelübersetzungen wurden mit freundlicher Genehmigung der Verlage verwendet.

EÜ *Einheitsübersetzung der Heiligen Schrift*, © 2016 Kath. Bibelanstalt GmbH, Stuttgart.
LUT *Lutherbibel*, revidiert 2017, © 2016 Deutsche Bibelgesellschaft Stuttgart.
SLT Bibeltext der *Schlachter Übersetzung*, © 2000 Genfer Bibelgesellschaft.

Umschlagbild: ilterriorm / Shutterstock.com
Umschlaggestaltung: Trueface
Coporate Design: Gabriel Walther Media & Design • www.gabrielwalther.com
Übersetzung: Thilo Niepel
Lektorat: Gabriele Kohlmann
Satz: Grace today Verlag
Druck: CPI – Clausen & Bosse, Leck
Printed in Germany

1. Auflage 2020

© 2020 Grace today Verlag, Schotten
Paperback: ISBN 978-3-95933-120-3, Bestellnummer 372120
E-Book: ISBN 978-3-95933-121-0, Bestellnummer 372121
Nachdruck und Vervielfältigung, auch auszugsweise, nur mit Genehmigung des Verlages.

www.gracetoday.de

INHALT

Vorwort 7
Einleitung 9

EPISODE EINS	Lernt die Eltern kennen	13
EPISODE ZWEI	Unter neuer Leitung	25
EPISODE DREI	Eine Sache des Vertrauens	37
EPISODE VIER	Gestern ist vorbei	47
EPISODE FÜNF	Der Geschmack von Disziplin	79
EPISODE SECHS	Der Kern der Sache	98
EPISODE SIEBEN	Die Straße zu meinem Herzen	114
EPISODE ACHT	Wenn du mich aufbaust	135
EPISODE NEUN	Im Ring mit den Stieren der Realität	143
EPISODE ZEHN	Einer, der über mich wacht	168

Reflexionsfragen 177
Dank 187
Über die Autoren 191
Die Mission von Trueface 195

VORWORT

Wir sind, ehrlich gesagt, überhaupt nicht berühmt. Die meisten Leute glauben, wir sollten zumindest ein wenig berühmt sein, wenn wir ein Vorwort schreiben, insbesondere für ein Buch, von dem wir unbedingt hoffen, dass es jeder, den wir kennen – und vor allem die, die wir nicht kennen – lesen wird.

Warum wollten wir es schreiben? Weil diese Botschaft unser Leben gerettet und uns so viel praktische Hoffnung gegeben hat, den Wahnsinn der Erziehung unserer Kinder zu genießen. Weil wir die Eltern von drei frühreifen und meinungsstarken Kleinen (acht, sechs und vier Jahre) sind, während Kelsie ein gut laufendes Hochzeitsfoto-Unternehmen betreibt und David hauptberuflich bei Trueface arbeitet, wobei er gleichzeitig für die Highschool-Schüler und andere in unserer Gemeinde so viel Zeit wie möglich erübrigt. Und weil wir normale Menschen sind, die ein sehr klares Bild davon haben, wie unsere Beziehung zu unseren Kindern aussehen soll (und nicht aussieht), wenn sie älter werden, aber oft keine Ahnung haben, wie wir diese Träume verwirklichen können, wenn die Zeiten hart sind.

Warum solltet ihr einem Ehepaar zuhören, das mit den Autoren eines Erziehungsbuchs zusammenarbeitet? Weil wir lange genug (mehr als zehn Jahre) in enger Gemeinschaft mit den Autoren dieses Buches standen, um die Prinzipien des ursprünglichen Evangeliums auf die Probe zu stellen. Wir haben aus der ersten Reihe gesehen, wie diese Paare diese Wahrheiten zwar nicht perfekt, aber treu in ihr eigenes Zuhause mit ihren eigenen Kindern und Enkeln getragen haben, und zu den meisten von denen haben wir heute eine Beziehung. In dieser Gemeinschaft haben wir die Freiheit geschmeckt, die dadurch entsteht, dass man das Schlimmste über uns weiß und uns dafür nur noch mehr liebt. Wir haben erlebt, wie sich Gift in uns auflöst, indem wir die Wunder der Vergebung und Wiederherstellung erfuhren. Wir haben in unserer Ehe und in unseren Beziehungen Durchbrüche erlebt, die wir allein nicht hätten herbeiführen können. Wir haben erlebt, wie einige unserer Generationenmuster auf eine Weise durchbrochen wurden, dass unsere Kinder sie nie kennenlernen müssen.

Kurz gesagt, wir haben die Gnade gesehen und erlebt, die ursprüngliche gute Nachricht von Jesus in Aktion. Und sie funktioniert. Sie ist das Einzige, was funktioniert. Wir glauben, dass sie die Fähigkeit hat, vielen Freiheit zu schenken – jedem Elternteil, Alleinerziehenden, Großelternteil, zukünftigen Elternteil, jungen Erwachsenen, der über seine Herkunftsfamilie grübelt, und jeder Person, die in irgendeiner Weise für das Leben eines anderen Menschen Sorge trägt.

Sobald wir den ersten Entwurf durchgelesen hatten, wussten wir, dass wir *Glückliches Familienleben* in die Hände jedes Menschen legen wollten, den wir kennen und lieben. Wenn ihr ziemlich normal seid, oder auch wenn ihr irgendwie berühmt seid, lest dieses Buch und findet eine praktische, kraftvolle Hoffnung, die euch helfen wird, die vertrauensvolle, freudige Beziehung mit euren Kindern zu verwirklichen, von der ihr immer schon geträumt habt.

Mit euch auf dieser Reise,
David und Kelsie Pinkerton

EINLEITUNG

Einige Erziehungsbücher werden geschrieben, um die Zeit zu überbrücken, bis eure Kinder alt genug sind, um mit euch vernünftig zu reden.
Das ist keines dieser Bücher.
Einige werden geschrieben, um euch zu helfen, eure Kinder mit ins Boot zu bekommen, ihre Einstellungen zu korrigieren und sie zu zwingen, sich besser zu benehmen.
Das ist keines dieser Bücher.
Einige sollen dabei helfen, eure Kinder davon abzuhalten, euch in der Öffentlichkeit zu blamieren.
Das ist keines dieser Bücher.
Einige sind voller Techniken und Formeln, damit ihr im Kampf mit euren Kindern die Oberhand gewinnen könnt.
Das ist ganz sicher keines dieser Bücher.
In diesem Buch geht es vielmehr um *uns* – die Eltern.
Irgendwie hat sich unbemerkt etwas eingeschlichen, das wie ein grausamer Scherz klingt. Es geht so: *Diese Kinder, auf die wir gewartet und nach denen wir uns gesehnt haben, sind nun unsere Gegner geworden. Gegner, die wir zwar lieben, aber die wir jetzt in den Griff bekommen müssen.*
So sollte es nicht sein. Gott hat uns Kinder gegeben, damit wir endlose Freude an ihnen haben. Und damit sie an uns ein Leben lang Freude haben können.
Deshalb haben wir dieses Buch geschrieben. Um zu lernen, wie wir das Vertrauen unserer Kinder gewinnen können, damit wir das wunderbar transformative Vorrecht erhalten,

- unseren Kindern Liebe zu schenken,
- ihnen Wahrheit beizubringen und
- ihnen Führung zu geben.

Wenn wir die Wahrheit der folgenden Aussage entdecken, beginnt sich fast alles an der Art und Weise, wie wir unsere Kinder erziehen, zu verändern:

Weil Gottes Hauptziel darin besteht, mein Vertrauen zu gewinnen, damit er mich lieben und mich immer reifer werden lassen kann, mein Verhalten korrigieren und mein Leben befreien kann, werde ich versuchen, meinen Kindern dasselbe zu bieten.

Gott hat endlos mehr als genug getan, um mein Vertrauen zu gewinnen. Doch er weiß: Solange ich ihm nicht wirklich, *praktisch* vertraue, wird sehr wenig von dem geschehen, was er sich für mich wünscht. *Mein Mangel an Vertrauen ist in meiner Angst vor Vertrauen begründet, nicht in seiner Vertrauenswürdigkeit.* Weil er mich zutiefst liebt, zeigt er mir daher immer wieder, wie vertrauenswürdig er ist. So baut er meine Ängste ab und reißt die Mauern des Selbstschutzes nieder. Und während ich lerne, dem Vollkommen Vertrauenswürdigen immer mehr zu vertrauen, heile ich, reife ich, werde ich frei.

Deshalb rief David: »Schmeckt und seht, dass der Herr gut ist« (Psalm 34,9 NLB). Er sagte damit: »Wenn du in der Lage bist, ihn genau zu erkennen und seinen Absichten für dich zu vertrauen, oh, welch wunderbares Leben du doch mit ihm haben wirst!«

Das war also die ganze Zeit über Gottes Methode, um mich zur Reife zu bringen. Und wenn ich anfange, sie in Bezug auf mich zu verstehen, wird sie für mich zum Mittel, um meinen Kindern beim Erwachsenwerden zu helfen.

Reife und eine dauerhafte Änderung des Verhaltens werden nicht durch die Ausübung von Zwang oder durch bestimmte Erziehungstechniken erreicht – weder bei meinen Kindern noch bei mir. Ich kann bei meinen Kindern nur sehr wenig bewirken, bis sie anfangen, meinem Einfluss zu vertrauen. Ich kann ihnen Wissen vermitteln; ich kann ihnen Informationen anbieten. Bis zu einem gewissen Grad, besonders wenn sie jünger sind, kann ich möglicherweise sogar ihre Verhaltensweisen beeinflussen. Aber nur wenig davon hat bedeutsame, lebensverändernde Auswirkungen.

Solange ich das nicht glaube, werde ich versucht sein, mithilfe technikbasierter Formeln zu erziehen, um etwas zu bewirken, was bei meinen Kindern wie Veränderung aussieht.

Wir haben ihnen doch so viel mehr zu bieten.

Wir dürfen unseren Kindern das Beste von uns geben – die verdiente Erlaubnis, sie zu beeinflussen, sie zur Reife zu bringen, sie kennenzulernen, ihnen Führung zu geben, sie zu beschützen, sie zu lieben, sie zu befreien und ihnen einen großartigen Gott und ein authentisches Leben zu zeigen, das ihr ganzes Leben lang Bestand haben wird.

Wir lernen sie auf authentische und verletzliche Weise kennen. Sie dürfen zusehen, wie wir Gott vertrauen. Sie beobachten, wie wir reifen und heilen und freier werden. Sie erleben, wie wir ihnen gegenüber immer offener werden und ihnen unsere Probleme anvertrauen. Sie können sich bei den Menschen, von denen sie am meisten geliebt werden, wohlfühlen, anstatt ihnen aus dem Weg zu gehen.

Wir dürfen ein unauslöschliches Mal unserer Beziehung zu ihnen hinterlassen, das sie niemals werden loswerden wollen.

Da wollen wir ankommen, und eine Geschichte wird uns dorthin bringen.

Wir werden mit den Clawsons in den Urlaub mitfahren. In vielerlei Hinsicht sind die Clawsons wir. Sie stehen vor vielen der gleichen Erziehungsprobleme, mit denen wir konfrontiert sind. Wir werden zusehen, wie sie mit Gott interagieren, hören, wie sie mit Gott arbeiten, sogar Ausschnitte von Podcasts aufschnappen – alles mit dem Ziel, diese Lebensweise in unseren Alltag zu integrieren.

Ihr werdet feststellen, dass dieses Buch statt Kapiteln Episoden enthält. Nach jeder Episode bieten wir einen Blick hinter die Kulissen namens »In der Episode«. Hier werden wir (die Autoren) einige der Wahrheiten und Herausforderungen enthüllen, die in der Geschichte der Clawsons dargestellt werden. Und nur damit ihr Bescheid wisst, dieses Buch ist als Begleiter zu *Das Heilmittel: Christsein – anders als gedacht und besser als erhofft* konzipiert. In jenem Buch legen wir alle benötigten theologischen Grundlagen für die Geschichte der Clawsons. Ihr müsst aber jenes Buch nicht lesen, um dieses zu »kapieren«. Wir betrachten die beiden Bücher nicht als zwei Seiten derselben Medaille, sondern vielmehr als Tanzpartner. Wir finden, dass sie gemeinsam eine recht schöne Aufführung geben.

Ihr Eltern, die Erziehung eurer Kinder muss kein notwendiges Übel sein, das ihr ertragt, bis sie endlich das Haus verlassen. Wir glauben vielmehr, dass die Elternschaft zur Reise eures Lebens werden kann.

Also, Freunde, genießt die Reise.

EPISODE EINS
LERNT DIE ELTERN KENNEN

Schweigen ist Gold. Bis es das nicht mehr ist. Niemand im Auto redet. Niemand hat über die 120 Kilometer, die sich von Nord-Phoenix bis zum ersten Rastplatz auf dem Weg nach Los Angeles erstrecken, ein Wort geredet. Nur das dumpfe Surren von Reifen auf der Autobahn. Jeder außer dem Fahrer trägt diese kleinen weißen Ohrhörer und man hört absichtlich allem, nur einander nicht zu. Der Fahrer ist Jim Clawson. Er ist der Vater.

Und er ist auch größtenteils der Grund dafür, dass niemand miteinander spricht.

Jim und seine Frau Sarah besetzen die Vordersitze, während die vierzehnjährige Madison und der neunjährige Aiden hinten sitzen. In diesem Moment sind sie lediglich verärgerte Passagiere in einem vollgestopften Fahrzeug. Als Jim den Wagen anhält, werden die Ohrhörer herausgenommen. Und für einen flüchtigen Moment, bevor alle aussteigen, herrscht eine Schweigsamkeit, die mit Gold *nichts* zu tun hat. Sie flüstert jedem Mitglied der Clawsons zu, dass etwas mit ihrer Familie ganz und gar nicht stimmt.

Das sollte ein langer und abenteuerlicher Urlaub werden. Für jeden etwas dabei. Aus der sengenden Sommerhitze Arizonas für mehrere Tage nach Newport Beach. Dann die Küste hinauf nach Monterey und San Francisco, bevor schließlich durch mehrere Nationalparks hindurch der Heimweg zurückgelegt wird.
Sollte werden. Ah, was für eine Formulierung.

Jetzt kann Jim nur noch eine frustrierte Frau, eine wütende Tochter und einen Sohn sehen, der unpassend zusammengewürfelte Kleidung trägt, und das anscheinend nur, um seine Eltern auf die Palme zu bringen.

Es ist nie einfach, den genauen Moment zu erkennen, in dem eine Familie anfängt, sich selbst zu finden. Es mag einfacher sein, genau festzustellen, wann es am düstersten wurde. Für die Clawsons könnte dieser bestimmte Moment gestern Abend gewesen sein.

Vielleicht hätten sie es kommen sehen sollen. Einige der schlimmsten Verwüstungen, die eine Familie erleben kann, liegen im zwei- bis dreitägigen Zeitfenster vor Beginn eines Familienurlaubs oder auf dem Weg zur Kirche am Sonntagmorgen. Sicherlich ist das irgendwo dokumentiert. Mit Sicherheit.

Gestern Abend, kurz nach dem Abendessen, hatte Madison, auf halbem Weg durch die Haustür,»Geh zu Jeff« gerufen.

Drei kleine Worte.

Jim Clawson mag diesen Jeff nicht. Er mag überhaupt keinen fünfzehnjährigen Jungen besonders.

Er rannte hinaus in den Vorgarten und brüllte laut genug, dass auch die Nachbarn es hören konnten:»Du wirst nirgendwo hingehen. Dein Zimmer ist ein Saustall, du hast nicht gepackt, und das, worum deine Mutter dich gebeten hat, hast du auch nicht erledigt. Und überhaupt haben wir diesen Jeff noch nicht mal kennengelernt.« Madison war nicht weiter als sechs Meter von Jim entfernt. Sein Brüllen hatte seine Wirkung zweifellos nicht verfehlt. Sie war gedemütigt, verletzt und wütend. Dann verletzt und wütend. Dann nur noch wütend. Und das alles innerhalb von Sekunden. Sie drehte sich um, lief an ihm vorbei zurück ins Haus, in ihr Zimmer und schlug die Tür zu. Jim ging ihr nach und hämmerte auf ihre verschlossene Tür ein.

»Warum machst du das immer? Madison, mach die Tür auf!«

Stille.

»Ich will nicht, dass du den Jungen triffst. Hast du mich verstanden?«

Mehr Stille.

»Hörst du mich?!«

Die Tür schwang ruckartig auf. Madison trat zurück und gab langsam folgende Worte von sich: »Ich bin nicht taub. Ebenso wenig wie die ganze Nachbarschaft. Ich kapier' schon – du vertraust mir nicht. Du vertraust keinem von uns. Ach, und ich wollte diesen dummen Urlaub nie machen. Also werde ich so nervig sein, wie ich nur kann. Wart's nur ab.«

Sie timte diese letzten Worte mit dem Zuknallen der Tür.

Es ist jetzt fünfzehn Stunden später an dieser kargen Wüsten-Raststätte. Jim, Sarah, Madison und Aiden steigen jeweils wieder in ihren vollgepackten Subaru Forester ein, wobei jeder seine Tür zuschlägt.

Lange vor dieser Reise war Sarah über eine Podcast-Reihe mit dem Titel »Genießt die Reise« gestolpert, die ein Freund sehr empfohlen hatte. Sie lud die Reihe auf ihr Smartphone. Ihr Plan war es, unterwegs jeden Tag Teile davon abzuspielen, um die Zeit rumzukriegen und vielleicht die Kinder in irgendeiner Weise einzubeziehen. Jim war überraschend offen dafür.

Jetzt erscheint die Idee lächerlich. Und manipulativ.

Als sie sich Blythe in Kalifornien nähern, fordert die Gleichförmigkeit der Wüste ihren Tribut von ihnen allen:

»Dad, Aiden soll von mir weggehen.«

»Jim, ich hasse die Wüste.«

»Sarah, ich hätte in Phoenix tanken sollen.«

»Mum, hat jemand mein Hemd in Kotze gewaschen? Es riecht nach Kotze.«

Blythe mitten im Sommer kann jedes Problem verschlimmern. Sie folgen der Abfahrt Lovekin auf eine Straße, die fast ausschließlich von Fast-Food-Restaurants gesäumt ist. Es ist früher Nachmittag am 14. Juli, 46 Grad und steigend. Als sie vom Auto zur ersten Mahlzeit dieses Urlaubs marschieren, ist der Asphalt des Parkplatzes spürbar aufgeweicht.

Wieder im Auto führt das Teilen von Burgern, Tacos und Zwiebelringen zu mehreren Streitigkeiten. Und Madison beschwert sich bei Jim, dass die kühle Luft der Klimaanlage nicht bei ihr ankommt.

»Sie ist immer noch nicht auf die Rückbank gerichtet«, sagt sie laut seufzend.

»Ich habe die Lüftung schon ausgerichtet.«

»Sie ist auf deine Tür gerichtet. Da sitzt niemand. Ich bin hier hinten. Auf dem Rücksitz.«

»Dann bläst keine Luft mehr auf deine Mutter und mich.«

»Ihr habt andere Lüftungsöffnungen. Zum Beispiel die, die auf die Tür gerichtet war.«

Und so weiter.

Jim, in dem Versuch, spielerisch die Stimmung aufzuheitern, sagt: »Lasst uns diesen Podcast hören.«

Madison setzt ihre Ohrhörer wieder ein. Aiden tut es ihr gleich.

»Jim, ich glaube nicht, dass das momentan eine gute Idee ist.«

»Sarah, das Letzte, was ich hören will, ist ein Eltern-Podcast. Aber es gibt hier draußen keine guten Radiosender. Und ich bin der Einzige ohne Ohrhörer.«
»Mach, was du willst. Aber halt mich da raus. Vielleicht später.«
»Aber ich brauche dein Smartphone zum Abspielen.«
»Wie soll ich dann meine Musik hören?«
»Komm schon, Sarah. Spiel es einfach zehn Minuten lang ab.«

Als die Clawsons auf die Auffahrt der Autobahn 10 nach Westen fahren, beginnt die erste Einheit von »Genießt die Reise«. Die voluminöse Altstimme der Erzählerin erfüllt den ohnehin schon vollgepackten Subaru. Ihre ersten Worte sind erschreckend:

Wenn eure Kinder jung sind, birgt die Elternschaft genug Macht, um mit ihnen fertigzuwerden. Aber wenn ihr nicht erwachsen werdet, während sie älter werden, wird eure Unreife ihre Reife auf dem Niveau eurer eigenen stagnieren lassen. Und durch kein Maß an Kontrolle ist das in den Griff zu bekommen.

Fast unfreiwillig tun Jim und Sarah das, was sie in den letzten siebzehn Stunden vermieden haben. Sie sehen sich an.
»Warte. Was hat sie da gerade gesagt?«
»Was?«, antwortet Jim, immer noch fassungslos angesichts der Worte der Erzählerin.
»Die Frau in dem Podcast. Was hat sie gerade gesagt?«
Jim wirft einen Blick in den Rückspiegel, um zu sehen, ob Madison oder Aiden zuhören. Sie starren beide auf jeweils ihrer Seite des Autos in die Wüste hinaus, die Ohrhörer fest drin.
Sarah pausiert die Wiedergabe.
»Etwas über meine Unreife, glaube ich. Kannst du es nochmal abspielen?«

Sie tut es.

Aber wenn ihr nicht erwachsen werdet, während sie älter werden, wird eure Unreife ihre Reife auf dem Niveau eurer eigenen stagnieren lassen. Und durch kein Maß an Kontrolle ist das in den Griff zu bekommen.

»Also, was soll das bedeuten?« Sarah hält den Podcast an.

»Ich habe keine Ahnung. Es ist dein Podcast.«

Es vergehen einige Kilometer.

Sarah sagt fast mehr zu sich selbst: »Als sie noch kleiner waren, war es nicht so kompliziert. Ich musste mich nur mit der Zerstörung der Zuckertütchen in Restaurants abfinden. Und dem Geheule. Und dem Schlafmangel. Und damit, überall Sand herausklopfen zu müssen. Das ging die ganze Zeit so. Aber meistens dachte ich, ich hätte alles gut im Griff. Jetzt wirft mir Madison diesen Blick zu, der sagt: »Du hast keinen Schimmer, was du mit mir jetzt anstellen sollst, oder?««

Jim hört zu, hält sich aber mit einer Reaktion zurück.

»Und sie hat ja vollkommen recht. Sie ist mir auf die Schliche gekommen. Ich habe keinen Schimmer mehr, wie ich sie erziehen soll.«

Weitere Kilometer vergehen. Die Straße fünfzig Meter weiter sieht in der hitzebedingten Luftspiegelung zur Mittagszeit wie ein See aus.

»Ich werde zu der Person, die ich mir selbst versprochen habe, niemals zu sein. All das, was ich nie sagen wollte. Die ganzen Regeln, von denen ich mir sagte, dass ich sie meinen Kindern niemals auferlegen würde. Die Manipulation, die Kontrolle, Streitereien auf ihrem Niveau. Und jetzt ... tue ich genau das.«

Irgendwo in der Nähe des Chiriaco Summit stellt Sarah den Podcast wieder an.

Und sie lassen ihn einfach laufen. Die ganze erste Einheit durch. Beide schauen auf den Rücksitz auf ihre inzwischen schlafenden Kinder. Jim und Sarah fangen allmählich an, miteinander zu reden. Weder persönlich noch lebhaft. Aber es ist Reden. Nicht Schweigen.

IN DER EPISODE

Wir beginnen mit dem Zitat, das Jim und Sarah gemeinsam plötzlich aufhorchen ließ:

Wenn eure Kinder jung sind, birgt die Elternschaft genug Macht, um mit ihnen fertigzuwerden. Aber wenn ihr nicht erwachsen werdet, während sie älter werden, wird eure Unreife ihre Reife auf dem Niveau eurer eigenen stagnieren lassen. Und durch kein Maß an Kontrolle ist das in den Griff zu bekommen.

Die Elternschaft bringt ungelöste Konflikte ans Tageslicht, die wir sonst ignorieren oder derer wir uns gar nicht bewusst sind. Ob es uns gefällt oder nicht, meistens neigen gerade diejenigen, die wir lieben, dazu, ungelöste Konflikte in uns aufzudecken.

Ein »ungelöster Konflikt« ist ein sich ständig wiederholendes Problem, das unser Leben zunehmend beeinträchtigt, weil es nie besser wird.

Diese Konflikte sind uns unangenehm, sodass wir sie lieber vertuschen und hoffen, dass sie verschwinden. Doch das tun sie nicht. Stattdessen sind sie »lebendig begraben«, was sie ausbrechen lässt, wenn wir überlastet, herausgefordert, gereizt, unsicher sind oder ungerecht behandelt werden.

Wenn sich daran etwas ändern soll, müssen wir zugeben, dass einige Dinge in unserem Leben geschehen sind, die, nun ja, einfach nicht hätten passieren sollen. Und dass wir durch das, was passiert ist, verletzt wurden. Dies zuzugeben, erscheint vielen jedoch als zu hoher Preis. Also lernen wir, um unsere Wunden herumzuhumpeln. Mit der Zeit verstehen wir, wie wir die Symptome verbergen oder beseitigen können, damit uns unser Problem nicht in Verlegenheit bringt. Oder wir versuchen, es zu ignorieren, in der Hoffnung, dass es irgendwann einfach verschwindet.

Tut es nicht.

Bei vielen von uns kann es sein, dass sie ein Leben lang fast nichts von diesem Gepäck merken, das sie tragen. Wir mögen dabei leider die Einzigen sein, die nichts davon mitbekommen. Die meisten anderen können es sehen, obwohl sie sich vielleicht nicht sicher sind, was sie da sehen.

Worum es hier geht, ist Folgendes. Ihr wisst, dass ihr einen ungelösten Konflikt mit euch herumtragt, wenn ihr von mehr als einer Schlüsselperson in eurem Leben hört, dass ihr auf eine Situation überreagiert. Diese Überreaktion ist das Ergebnis von Verletztheit. Ihr könnt solche Verletztheit normalerweise auf drei Dinge zurückführen: eure eigene Sünde, jemand anderes Sünde gegen euch, oder auf jemanden, der euch etwas bedeutet und sich beständig dazu entscheidet, euch nicht zu lieben.

Wenn unsere Verletztheit nicht aufgedeckt und adressiert wird, damit sie erlöst und geheilt werden kann, werden wir mit einem ungelösten Konflikt zurückbleiben, in unserer Unreife stagnierend. Und unsere Kinder werden durch unsere in ihrer Unreife stagnieren, was dazu führt, dass unsere Kinder uns anhaltend nicht vertrauen.

Vertrauen entwickelt sich, wenn unsere Kinder anfangen zu glauben, dass wir die Reife haben, es nicht um uns gehen zu lassen, wenn es um sie gehen muss.

Und ihr Vertrauen in uns hängt davon ab, ob wir Gott bei dem vertrauen, was er über uns sagt, und ihm erlauben, uns von unserer Verletztheit und unseren ungelösten Konflikten zu erlösen und zu heilen.

Wie bringen wir also (immer wieder) einen ungelösten Konflikt ans Licht, wo er unseren Kindern nicht länger das Beste von uns rauben kann?

Nun, schnallt euch an. Los geht's.

Viele von uns denken vielleicht, dass das, was Jesus am Kreuz tat, uns nur den Himmel gebracht hat. Ursprüngliche Richtigkeit vor Gott. Die Tür zu neuem Leben. Das alles ist auf ewige und erstaunliche Weise wahr.

Doch dasselbe Kreuz bietet ein Mittel zur aktuellen, gegenwartsbezogenen Heilung und Reinigung und einen Weg nach Hause von ungelösten Konflikten!

Auf das Kreuz Christi von damals zu vertrauen, setzt eine tiefgreifende Kraft frei, die mich heute reinigen und den Heilungsprozess von meinen ungelösten Sünden einleiten kann.

Am Kreuz wurden Gott und ich ein für alle Mal miteinander versöhnt. Nichts davon muss noch einmal überdacht werden. Und ebendiese Zahlung, die Jesus geleistet hat, arbeitet für mich aktiv in allen Bereichen, die mein Herz und meine Seele plagen.

Also kann ich aufhören, darauf zu bauen, dass meine Willenskraft mich und meine ungelösten Konflikte in Ordnung bringt. Ich vertraue stattdessen darauf, dass das, was Jesus damals getan hat, mich hier und jetzt von den Auswirkungen der Sünde in mir befreit.

Dieses Vertrauen ist kein Voodoo oder eine Sofortlösung. Doch es ist der Ausgangspunkt für jede Heilung. Es verändert die Chemie der Gleichung. Es schafft faire Voraussetzungen, damit ich an Reife und Freiheit zunehmen kann. Es richtet mein Herz neu aus. Alles, damit ich meinen Kram ans Licht bringen kann und ihn nicht in der Hoffnung, dass er einfach verschwinden wird, in der Dunkelheit festhalte.

Meine einzige Aufgabe, zumindest für den Moment, besteht darin, zu glauben, dass das Kreuz in diesem Augenblick die Kraft hat, mich von meinem gegenwärtigen Empfinden von Schuld, Scham und einer geringerwertigen Identität als Christus in mir zu reinigen und zu befreien.

Das war's? Ja, gewissermaßen. Und das Wort, das diesen ganzen Prozess bezeichnet? Erlösung.

Dies ist der atemberaubende Start unserer Erziehungsreise. Es klingt wie Fantasie – zu schön, um wahr zu sein. Aber es ist so echt wie alles, was wir sehen können. Ohne dieser Erlösung zu vertrauen, stecken wir fest – mit unseren eigenen unzulänglichen Fähigkeiten, uns selbst zu helfen, zu reinigen und zu heilen. Und das hat keinen von uns jemals weitergebracht.

Wir müssen nicht alles begriffen haben oder die richtigen Worte wissen. Wir müssen nur glauben, dass Gott die Kraft hat, uns zu reinigen und uns von dem Einfluss unseres speziellen Problems zu heilen.

Und wir müssen uns nicht selbst runterputzen, wenn wir uns anfangs nicht viel anders fühlen. Wie bei guter Medizin geschieht die Erlösung, noch bevor wir ihre Wirkung verspüren.

Das ist ganz schön viel, oder? Wahrscheinlich ist es klug, hier innezuhalten, damit die letzten paar Absätze in uns sacken können.

Es gibt eigentlich nur sehr wenige falsche erste Reaktionen darauf – mit Ausnahme davon, dass ihr diesen Abschnitt links liegen lasst und so tut, als könntet ihr euren Kindern in ihren Lebensproblemen zur Seite stehen, bevor ihr euch euren eigenen gestellt habt, oder schlimmer noch, ihr so tut, als würdet ihr es schon »kapieren«.

Deshalb haben wir das Gefühl, dass dies der richtige Zeitpunkt sein könnte, um dringend benötigte Hoffnung zu geben. Sich ungelösten Lebensproblemen zu stellen, kann ziemlich abschreckend klingen. Und es könnte uralte Scham wieder hochkommen lassen. Scham. Diese nagende Stimme, die euch sagen will, dass ihr nicht genügt, dass ihr nie genügen werdet. Dass es etwas an euch gibt, das unverkennbar und dauerhaft von Dunkelheit, Seltsamkeit und Versagen befleckt ist.

Dieses ganze Buch wird von einem Wort untermauert, umgeben, ermächtigt und begründet, das so viel mehr als ein Konzept oder eine bloße Theologie beschreibt. Fünf Buchstaben, die alles verändern können – Gnade –, die völlig unverdiente Gunst, Liebe, vollständige Annahme und Freude Gottes. Es ist das Geschenk der unerschöpflichen Liebe an Menschen, die es nie erwartet hätten. Es durchdringt unsere tiefste uralte Scham und erklärt: »Ich weiß Bescheid. Und ich gehe nicht weg. Ich bin verrückt nach dir.«

- Du kommst genau zur richtigen Zeit.
- Du genügst vollkommen, um Vater oder Mutter deiner Kinder zu sein.
- Er kann dich nicht mehr lieben, als er es tut, und er wird dich nie weniger lieben.
- Er hat dich gerecht, heilig und frei von Verurteilung gemacht – so gehst du jeden Schritt dieser Reise.
- Gott liebt dich genau so sehr, wie er seinen einzigen Sohn liebt.
- Gott treibt keine Spielchen mit dir.

- Gott sieht dich nie als endlos weit abgeschlagen, nicht in der Lage, aufzuholen.
- Er schämt sich nicht für dich und ist auch nie von dir abgestoßen.
- Du gehörst ganz und gar dazu.
- Du genügst voll und ganz.
- Du hast eine brandneue, schamfreie Identität.

Er hat dich mit einer neuen Natur, einer neuen Geschichte erschaffen. Du bist zu keiner Zeit die Person, als die deine Scham dich vielleicht darzustellen versucht. Du bist nicht deine Scham. Und so sieht dich der ganze Himmel.

Ganz offen gesagt verändert die Gnade alles.

Für den Moment genügt es, dir zu sagen, dass die Gnade einen Gott offenbart, der nicht gegen dich ist, sondern auf ewig für dich. Einen Gott, der nie angewidert von dir oder wütend auf dich ist. Er plante, dass es ein »Du« geben sollte, noch ehe die Welt begann. Er hat großartige Pläne für dein Leben. Du genügst vollkommen, um deinen Kindern Mutter oder Vater zu sein. Und wovon auch immer du denkst, nicht geheilt werden zu können, bitte, bitte denk noch einmal darüber nach.

Wir dachten einfach, dass ihr vielleicht daran erinnert werden musstet.

EPISODE ZWEI
UNTER NEUER LEITUNG

E s ist später Nachmittag und die Clawsons überqueren die Brücke über den Highway 1 auf den Newport Boulevard in Richtung Oceanfront. Die Überquerung dieser Brücke ist der Moment, in dem der Urlaub für diese Familie traditionell beginnt. In der B Street biegen sie in eine vertraute kleine Gasse ein, die zur Strandhausgarage von Sarahs Eltern führt. Die meisten Jahre ist diese Eigentumswohnung direkt am Pazifik für zwei Juliwochen ihr Zuhause. Und ihre letzte Chance, vor Beginn eines neuen Schuljahrs noch mal zueinanderzufinden.

Die Stunde des Ausladens und Einzugs ist in der Regel von Musik begleitet und von aufgeregten, fröhlichen Zurufen, die aus allen Ecken der Wohnung dringen. Doch nach den letzten 24 Stunden fühlt sich das alles plötzlich wie eine öde Aufgabe an. Was normalerweise ein erinnerungsträchtiger Ort ist, wirkt nun eher wie ein unpersönliches Motel. Es wird nur sehr wenig gesprochen. Meistens ist nur das Geräusch von sich öffnenden und schließenden Schubladen zu hören. Aiden ist als Erster fertig. Er rennt hinaus zum Wasser. Sarah folgt ihm in einiger Entfernung. Madison geht auf den Fahrradweg Richtung Balboa Pier hinaus. Jim geht auf den Balkon im ersten Stock und setzt sich hin.

Als Jim es sich auf seinem Stuhl bequem gemacht hat, gräbt Aiden bereits im nassen Sand. Aiden könnte den ganzen Urlaub glücklich in dem Zehn-Meter-Radius verbringen, der ihn umgibt. Sarah blickt zum Horizont, während die kalifornische Sonne langsam ins Meer hineinschmilzt.

Sarah denkt über die Unterschiede zwischen ihren Kindern nach. Aiden ist das genaue Gegenteil von Madison. Der Gefügige. Er bekommt selten Ärger und tut, was man ihm sagt. Aber Sarah fragt sich, ob Aiden vielleicht einfach nur raffiniert ist. Vielleicht ist es eine Art, das System zu seinen Gunsten zu manipulieren. Den Frieden zu halten mag einfach eine Masche sein, um mehr ungestörte iPad-Zeit rauszuschlagen.

Sarah fällt eine Aussage aus dem Erziehungspodcast über fügsame Kinder ein. Sie hantiert mit ihrem Telefon, um die genaue Stelle im Podcast zu finden, damit sie die Worte noch mal anhören kann.

Am Anfang sind Regeln für die Erziehung und den Schutz unserer Kinder unerlässlich. Aber wenn sie älter werden, müssen Regeln zusammengeführt und schließlich durch Prinzipien ersetzt werden, die ihnen als Orientierung dienen. Aber wenn wir selbst keine Prinzipien gelernt haben, kann es sein, dass wir unseren Kindern mehr Regeln auferlegen, weil es sich anfühlt, als wären wir in der Lage, ihr Verhalten dadurch besser zu kontrollieren. Und wir werden feststellen, dass wir entweder rebellische oder gefügige Kinder aufgezogen haben. Aber Kinder, die sich immer nur fügen, reifen nicht gut heran, während sie älter werden. Und später, in ihrem Erwachsenenleben, können sie dich für ihre misslungenen Lebensentscheidungen verantwortlich machen.

»Na toll«, flüstert Sarah. »Das ist ja echt toll. Ich glaube, uns ist es gelungen, beide Typen aufzuziehen.«

Der Podcast fährt fort:

Folgsame Kinder lernen nicht, wie sie ihre Lebensentscheidungen selbst treffen können. In einer Umgebung, in der Eltern während der Jugendzeit ihrer Kinder immer nur Regeln aufstellen, kann es sie davon abhalten und hemmen, ihre eigenen Entscheidungen treffen zu lernen. So wächst ein fügsames, unreifes Kind zu einem fügsamen, unreifen jungen Erwachsenen heran. Wenn Kinder dann feststellen, dass aufgezwungene Lebensentscheidungen nicht funktioniert haben, gibt es außer ihren Eltern niemanden, den sie dafür verantwortlich machen können.

Sarahs unfokussierter Blick wandert zu Aiden. Er hat weder zu ihr noch zu irgendjemandem aufgeschaut, seit er das Wasser erreicht hat. Er ist allein in seiner eigenen Fantasiewelt.

Niemand ist in der Nähe. Sie ertappt sich dabei, wie sie laut betet: »Tue ich das meinem Sohn an? Bringe ihm bei, fügsam zu sein? Vielleicht war ich einfach den Kampf mit Madison leid. Ich dachte, ich mache es mit Aiden richtig. Dachte, wenn wir nicht streiten, wäre ich eine gute Mutter. Aber ich habe ihn einfach nur mürbegemacht. ›Wann wirst du endlich? Warum hast du nicht? Komm rein! Beeil dich! Lass das sein! Tu dies! Warum bist du so …?‹ Er schaltet ab. Er hält jetzt einfach seinen Mund. Dasselbe, was ich Madison aufgezwungen habe. Nur hat sie sich gewehrt.«

Die Sonne ist untergegangen.

»Ich weiß nicht, wie ich sie erziehen soll. Jim meint, er weiß es. Aber er ist zu viel für sie. Er kann es nicht erkennen. Er glaubt, Erziehung bedeute, sie in Ordnung zu bringen, sie dazu zu kriegen, sich besser zu benehmen. Sie zu guten Staatsbürgern zu machen oder so was.«

Sarah greift sich wiederholt eine Handvoll Sand und lässt ihn durch ihre Finger rinnen.

»Für andere Mütter scheint es so natürlich zu sein. Als wären sie von Geburt an dafür gemacht. Mir hingegen fällt es gar nicht leicht. Ich habe Jim den schweren Teil überlassen. Und jetzt ärgere ich mich darüber, wie er es macht. Hilf mir, Gott. Hilf uns. Lass uns nicht auseinanderbrechen. Ich weiß nicht, worum ich bitte. Ich will sie nur nicht verlieren. Ich will das alles nicht vermasseln.«

IN DER EPISODE

Wir stehen hier am Scheideweg. Wir können den vermeintlich einfacheren Weg beschreiten, auf dem wir Beziehungsleben gegen das eintauschen, was unsere Kinder und uns in Ordnung zu bringen verspricht. Vielleicht wählen wir deshalb äußerliche Lösungsansätze, weil wir Angst haben. Wir kennen die Problembereiche, mit denen wir beim Erwachsenwerden zu kämpfen hatten, und wir wollen unsere Kinder in bester Absicht aufhalten, bevor auch sie diesen Schmerz und dieses Versagen erleben müssen. Aber die »Lösung« führt zu einer ungeahnten Folge, die oft schlimmer ist als das Problem, zu dessen Behebung sie herangezogen wurde. Sarah ist mit dieser Form der Erziehung in Berührung gekommen, die ihr das Gefühl gab, mehr Kontrolle zu haben. Doch die ungeahnte Folge ist eine wachsende Loslösung von den Herzen ihrer Kinder.

»Sündenmanagement« ist die fehlgeleitete Annahme, dass wir herausfinden sollen, wie wir unser eigenes schlechtes Verhalten bewältigen können. Oder das Verhalten anderer. Und bis es so weit ist, sollen wir etwas vorspielen und den Anschein von Reife erwecken. Die Sündenmanagement-Denkweise beginnt normalerweise mit der lähmenden theologischen Überzeugung, dass wir, obwohl wir gerettet sein mögen, bloß errettete Sünder sind. Nicht wirklich Heilige. Wenn auch vielleicht aufrichtig gemeint, ist dieses theologische Konstrukt doch letztendlich extrem destruktiv. Wir bemühen uns nach Kräften, Gott durch unser besseres Verhalten zu gefallen, aber verlassen uns oder vertrauen dabei auf kaum etwas anderes als unsere selbstverleugnende Willenskraft, Ernsthaftigkeit und eine schwankende Fähigkeit, Nein zu sagen.

Dies ist der älteste und gefährlichste falsche Ansatz im Hinblick auf Heilung und Reifwerden. Aber er wurde uns zugegebenermaßen auf tausend verschiedene Arten aufgebürdet. Unsere gesamte Kultur sagt uns, dass wir auf uns selbst vertrauen sollen und uns am eigenen Schopf aus dem Sumpf ziehen müssen. Darüber hinaus sind sich viele von uns als Angehörige christlicher Kreise ziemlich sicher, dass wir meistens eine Enttäuschung für Gott sind. Und für andere. Also versuchen wir weiterhin verzweifelt, gut genug zu sein, während wir gleichzeitig überzeugt sind, dass wir es nie sein werden. Wir ähneln dem Hund, der seinen Schwanz jagt.

Leider hat diese Scheinlogik so viele unserer Kirchen infiziert. Und eine solch verzerrte Theologie ist nicht leicht aufzugeben, wenn wir nicht überzeugt sind, dass es einen besseren Weg gibt. Und am Ende zwingen wir dieses kaputte System womöglich auch noch unseren Kindern auf. Aber Gott hat uns eine bessere Motivation für unsere Kinder gegeben, als einfach nur keinen Ärger bekommen zu wollen. Einen besseren Grund, das Richtige zu tun, als »Weil ich es dir gesagt habe«. Einen besseren Weg, um ihnen aufrichtigen Gehorsam beizubringen, statt einer bloßen äußerlichen Folgsamkeit. Gott hat uns den allerbesten Zugang zu ihren Herzen verschafft – den der Liebe.

Aufrichtigen Gehorsam zu fördern benötigt zwar mehr Zeit. Doch willfährige Folgsamkeit wird uns mit ruhiggestellten, äußerlich vorzeigbaren Teenagern zurücklassen, die einen völlig anderen Lebensstil annehmen werden, sobald sie unser Zuhause verlassen.

Um einen Weg von dieser Folg- oder Fügsamkeit nach Hause zu finden, müssen wir anfangen zu verstehen, dass Gott uns dazu geschaffen hat, von Regeln zu Richtlinien überzugehen.

Für die frühkindliche Entwicklung sind Regeln ein tiefgreifender und wunderbarer Schutz. Regeln beschützen ihr Herz und geben Kindern die Möglichkeit, sicher mit ihrer Welt zu interagieren. Doch ohne den Plan, sie schrittweise freizulassen, damit sie Richtlinien und Prinzipien entdecken, werden Regeln allein zu einem destruktiven Lebensmuster und zu einer unangemessenen Lebensmotivation.

Wenn Kinder heranwachsen und reif werden, müssen Regeln allmählich durch Richtlinien ersetzt werden.

Eine Regel ist eine Anweisung oder ein Verbot, das darauf abzielt, ein bestimmtes Verhalten zu regulieren. Sie ist starr und mit einer direkten Strafe belegt, wenn gegen sie verstoßen wird. Sie kann Kindern zu Anfang gesunden Schutz und Grenzen bieten, bevor sie falsches und richtiges, gefährliches und sicheres Verhalten moralisch ausloten können. Regeln sind ein großartiges Geschenk des Vaters. Sie werden in unserem Leben nie ganz von der Bildfläche verschwinden. Unternehmen, Regierungen und Gesellschaften funktionieren immer am besten mit Regeln und Gesetzen.

Doch das menschliche Herz braucht viel mehr. Und viel weniger.

Wenn Regeln alles sind, was wir in der Erziehung anwenden, können sich unsere Kinder im Laufe der Zeit widerwillige Folgsamkeit als verbitterte Reaktion aneignen. Sie mögen sich dann vielleicht regelkonform verhalten, um Strafen zu vermeiden, doch sie werden nie erfahren, wie schön aufrichtiger Gehorsam ist.

Letzten Endes kann eine Regel um der Regel willen eine Rebellion auslösen, ähnlich dem, was Israel gegenüber dem Gesetz erlebte. Israel rebellierte, weil die Menschen größtenteils der Person Gottes nicht vertrauten. Sie hatten lediglich Angst vor der Autorität Gottes. Sie lebten meist nicht aus einer Beziehung heraus, sondern nur aus einer äußerlichen, widerwilligen Befolgung des Gesetzes. In diesem Zustand konnten sie nicht von Herzen gehorchen. Das Gesetz wurde eigentlich von Gott eingesetzt, damit ihre Ungerechtigkeit offenbart würde, ihre Sünde zunähme und sie gezwungen wären, nach dem Messias zu rufen.

So wie Israel gegenüber Gott können unsere Kinder lediglich lernen, Angst vor unserer Autorität zu haben, wenn sie stattdessen nicht lernen, uns zu vertrauen.

Eine Richtlinie ist ganz anders. Eine Richtlinie ist für einen Einjährigen wertlos, aber auf wunderbare Weise lebensspendend für einen Zehnjährigen. Sie gibt eher Orientierung als Weisung. Sie verwendet ein Prinzip, eine Sichtweise, um Kindern verstehen zu helfen, wie sie eine Vielzahl von Lebensentscheidungen jonglieren können. Die Richtlinie wird beziehungsorientiert kommuniziert, sodass Kinder ihre Entscheidungen in aufrichtigem Gehorsam und nicht durch Einhaltung einer Regel treffen können. Sie vermittelt Konsequenzen und die Grundlage, den Schutz und die Freiheit innerhalb der gegebenen Wahrheit. Eine Richtlinie bringt ausgezeichnete Fähigkeiten bei, um kompetent auch neue Entscheidungen treffen zu können, was mit Regeln wegen der Unvorhersehbarkeit nie möglich wäre.

In Kürze sagt eine Regel: »Du wirst das nicht tun, sonst passiert was.« Eine Richtlinie sagt: »Das ist der Grund, weshalb du diese Verhaltensweisen und nicht jene wählen solltest. Und ich werde bei dir bleiben, während du in diesen Entscheidungen reifer wirst.«

Schauen wir uns ein Beispiel an, wie wir mit Regeln beginnen und in verschiedenen Altersstufen schrittweise zu Richtlinien übergehen können.

Stellt euch vor, ihr steht mit eurem Kind zusammen da und schaut auf die mäßig befahrene Straße vor eurem Haus.

Wenn euer Kind zwei Jahre alt ist, ist die Regel klar und direkt, ohne Bedingungen oder Ausnahmen: »Geh nicht auf die Straße.« Thema durch. Natürlich umgebt ihr die Regel mit eurem Einsatz, eurer Liebe und eurer Konsequenz. Aber die Regel ist starr, und es gibt altersgerechte Konsequenzen, erklärt und konsequent durchgesetzt, wenn man sie verletzt. Weil ihr eure Kinder liebt, stellt ihr diese Regel auf, auch wenn es in manchen Fällen vielleicht noch lange dauert, bis sie eure Gründe dafür verstehen können.

Wenn euer Kind fünf Jahre alt ist, wird diese Regel allmählich durch weitere Erklärungen, Argumente und Konsequenzen verfeinert. »Geh nicht auf die Straße, ohne in beide Richtungen nach Autos zu schauen. Verstehst du, wie wichtig es ist, nach links und rechts zu schauen? Manchmal kommen Autos, die man nicht sofort sehen kann. Wir wollen, dass du sicher bist, weil wir dich so sehr lieben. Aber wenn du nicht auf das hörst, worum wir dich bitten, darfst du nicht über die Straße, um deine Freunde zu besuchen.«

Wenn euer Kind neun Jahre alt ist, steht ihr vielleicht mit einem Football in der Hand da und fragt euer Kind: »Denkst du, es wäre in Ordnung, wenn wir auf der Straße Fangen üben? Worauf müssen wir dabei achtgeben?« Ihr steht nun mit eurem Kind zusammen und ergründet die Risiken, Freiheiten und Folgen eines Ereignisses. Dieses Gespräch wird nun auch zukünftige, noch unentdeckte Gelegenheiten und Gefahren aufzeigen. Die Regel hat sich nun auf schöne Weise in eine lebensspendende Richtlinie verwandelt.

Ziemlich cool! Eltern und Kinder lernen, wie man gemeinsam das Leben meistert. Vielleicht würde dein neunjähriges Kind auf der Straße lächeln und dir antworten:»Dad, ich habe gesehen, wie du wirfst. Ich bin mir nicht sicher, ob wir auf *irgendeiner* Straße sicher wären.«

Nun wollen wir uns anschauen, wie wir unseren Kindern helfen können, Überzeugungen zu entwickeln. Denn Überzeugungen helfen, Richtlinien zu bilden.

Betrachten wir den sich allmählich entwickelnden Sinn für Anständigkeit einer Tochter.

Bei einer Sechzehnjährigen ist es vielleicht nicht gut, Anständigkeit als Erstes mit diesen Worten erklären zu wollen:»Du wirst dieses Haus nicht in diesem Outfit verlassen!« (Nicht, dass fast alle Eltern einer jungen Heranwachsenden diese Worte nicht irgendwann einmal gesagt hätten.)

Denkt daran, eine Richtlinie sagt:»Das ist der Grund, weshalb du diese Verhaltensweisen und nicht jene wählen solltest. Und ich werde bei dir bleiben, während du in diesen Entscheidungen reifer wirst.«

Eine Überzeugung ist ein bestimmter Glaube oder eine bestimmte Position, die zu eurer eigenen geworden ist.

Eine altersgerechte Abfolge von Gesprächen, Lernen am Modell und Anleitung hilft, Überzeugungen zu fördern. So beginnt eine Mutter im alltäglichen Leben vielleicht schon früh ein fortwährendes Gespräch mit ihrer Tochter und zeigt aus vielen Blickwinkeln, wie sie anfangen kann, Entscheidungen zu treffen, die dem entsprechen, wer sie sein möchte.

Vielleicht konfrontiert ihr sie im Alter von etwa acht oder neun Jahren mit dieser Frage:»Wie will ich mich der Welt präsentieren?« Eure Tochter hat darüber vielleicht bisher nie nachgedacht. Aber schon mit neun Jahren kann sie anfangen zu verstehen, wie Entscheidungen über die Art und Weise, wie sie sich kleidet und präsentiert, ihre Weiblichkeit, ihre Identität und ihre Person widerspiegeln.

Mit etwa zehn Jahren könntet ihr ihr zu einem Bewusstsein verhelfen, welche Folgen die Entscheidungen anderer Mädchen auf ihre Welt haben und wie sie sich in den Medien auswirken, die sie umgeben. Wiederum steht all dies im Zusammenhang damit, das Leben gemeinsam zu betrachten. Es setzt fortwährende Gespräche voraus, in denen solche Fragen nicht unangemessen sind oder aus heiterem Himmel kommen.

Mit zwölf Jahren dann fangt ihr vielleicht an, gemeinsam zu klären, welche Entscheidungen im Hinblick auf Anständigkeit oder Unanständigkeit Auswirkungen auf den Umgang mit Jungs haben könnten.

Es gibt keinen genau richtigen Monat, in dem man idealerweise mit einem Gespräch beginnt. Aber es ist möglich, bewusst darauf zu achten, wann eure Kinder Bereitschaft zeigen, über die Motive und Werte hinter ihrem Verhalten vernünftig zu sprechen. Dieser Pfad ist mit vielen ungeschickten Momenten gepflastert, er beinhaltet mehr Fehltritte als große Momente der Einsicht. Es gibt mehr ausdruckslose Blicke als »Oh, ja, liebes Elternteil, ich sehe langsam, wie das mein Leben zum Besseren verändern würde. Darf ich dir jetzt zu Diensten sein, indem ich den Tisch decke und den Abfall sortiere?«

Vielleicht versteht ihr, worum es geht.

Alles an einer Richtlinie ist komplizierter, nuancierter und unordentlicher. Alles an einer Regel ist einfacher, klarer, sauberer und durchsetzbarer. Aber nach dem neunten Lebensjahr erzeugen Regeln größtenteils leider keinen dauerhaften, aufrichtigen Gehorsam mehr.

Wenn wir diese Unterschiede nicht verstehen, werden wir den Kurs der Regelerstellung fortsetzen, weil er uns die Illusion von Kontrolle gibt. Aber, wie die Clawsons im Podcast hörten, ist das

Ergebnis immer Folgendes: Regeln werden entweder rebellische oder angepasste Kinder hervorbringen.

Regeln gestatten es mir letztendlich nicht, aus der Motivation der Liebe zu leben. Nur eine Motivation der Liebe kann mich zum aufrichtigen Gehorsam mit genügend nachhaltiger Lebensmotivation befreien. Eine Motivation, bei der man der Richtungsweisung Jesu vertrauen darf, anstatt gezwungen zu werden, sich an die »Gebote« Jesu zu halten.

Fügsamkeit ist zwar kein Idealzustand, kann das Geschrei aber für eine Weile verringern. Und ein Zuhause mit weniger Geschrei gibt jedem die Möglichkeit, durchzuatmen, anstatt sich gegenseitig an die Kehle zu gehen. Mit der Zeit fällt uns aber vielleicht auf, dass alles immer distanzierter und starrer wird. Wir geben es zu, wenn auch nur uns selbst gegenüber.

Doch jetzt sind wir so müde.

Wir haben so hart gearbeitet, um unseren Lebensunterhalt zu verdienen, ihre Zukunft zu sichern und einen Weg zu finden, wie der nächste Urlaub finanziert werden kann. Ein Zuhause, in dem respektlose Vorpubertäre mit den Eltern und auch untereinander streiten, war für uns keine Option. Folglich führten wir vielleicht ein System ein, das Frieden, Ordnung und Kontrolle versprach. Ein konsequentes, gut strukturiertes System mit klaren und unantastbaren Regeln.

Aber vielleicht sagte uns niemand, dass diese Art, ein Zuhause zu führen, eine kurze Haltbarkeit hat. Oder dass sie unserer ganzen Familie irgendwann auf den Geist gehen würde. Und wenn wir es begreifen, scheint es vielleicht zu spät, um den Schritt zurück zu machen und unsere Verspieltheit und Nähe wiederzufinden. Unsere Kinder haben gelernt, ihre eigenen Freunde zu finden, ihre Welt, ihren Ort, an dem sie das Gefühl haben, mehr sie selbst zu sein. Wir essen noch zusammen, wachen noch im selben Haus auf, gehen alle noch zu ihren Sportveranstaltungen. Aber da ist diese Distanz.

Um Richtlinien anbieten zu können, müssen wir lernen, das Leben in Form von Richtlinien zu durchdenken. Es beinhaltet, Gott zu bitten, uns die beziehungsmäßigen Gründe hinter unseren eigenen Entscheidungen zu zeigen. Viele von uns wuchsen in einem Zuhause voller Regeln auf, die auch noch galten, als sie längst nicht mehr effektiv waren. Wir haben vielleicht gehorcht oder rebelliert und uns dann irgendwie in eine vage, halbherzige Fügsamkeit gegenüber Autorität hineingelebt. Wir lernten, die richtigen Antworten aufzusagen. Wir lernten, anders zu erscheinen, als wir es tatsächlich waren. Wir lernten, unsere Herzen bis zu einem gewissen Grad taub werden zu lassen und richtig auszusehen, statt echt zu sein. Und es funktionierte nicht besonders gut. Wir fühlen uns in unserem eigenen Leben kompromittiert. Wir können nicht einmal selbst in dem System leben, das wir unseren Kindern zu vermitteln versuchen! Dies kann dazu führen, dass wir uns die meiste Zeit irgendwie schuldig fühlen. Und unfähig, aus unserem Charakter und unserer Integrität heraus zu erziehen.

EPISODE DREI

EINE SACHE DES VERTRAUENS

Als die vier Clawsons wieder aufeinandertreffen, ist es fast dunkel. Jim war hinaus an den Strand gegangen, um den anderen mit der Taschenlampe seines Smartphones zu helfen, den Weg zurück zur Wohnung zu finden. Er denkt an solche Dinge. Später am Abend gehen sie drei Blocks weit die Strandpromenade hinunter, um Pizza zu essen. Unabhängig davon, wie es ihnen geht, können sich die Clawsons immer um ein paar Pizzen scharen. Im Urlaub kann jeder seinen eigenen Belag wählen, egal, über wie viele Pizzen er verteilt werden muss. An diesem Abend wurde nichts vergeben oder geklärt. Aber die Konflikte wurden zumindest für einige Stunden aufgeschoben. Sogar Aiden lacht auf dem Rückweg vom Restaurant. Gerade eben schrie ein Nachbar Jim von seinem Balkon aus an, er solle aufhören, so schlecht und laut zu singen. »Hey du, Kumpel. Ja, du, da unten. Ich habe zu viel Miete gezahlt, als dass ich mir dein schiefes Gejaule anhören will.« Der Mann scherzte nur zum Teil. Jim singt wirklich schlecht. *Wirklich* schlecht. Aber das hält ihn nicht davon ab, laut zu singen. Madison könnte es nicht peinlicher sein. Aber Aiden liebt es. Wenn er zusieht, wie sein Vater sich in der Öffentlichkeit ein wenig locker macht, fühlt sich die Welt besser an.

Aiden und Madison sind jetzt in ihren Zimmern. Jim und Sarah sind unten im Wohnzimmer und tun beide so, als würden sie lesen. Keiner von ihnen ist bereit, neben dem anderen im Bett zu liegen. Die Pizza hat die Anspannung zwischen ihnen nicht beseitigt.

Jim und Sarah lieben sich. Und den Großteil ihrer Ehe haben sie einander auch genossen. Doch die Gegenwart hat mit dieser Zeit nichts zu tun. In dieser Zeit der Kindererziehung ist die Lage außergewöhnlich angespannt und schwierig. Sie beide glauben, dass der jeweils andere bei der Erziehung das meiste falsch macht. Aber sie wissen nicht, wie sie darüber reden sollen. Ihre Ressentiments sind klar definiert. Und die Intimität leidet darunter. Sie lernen, auf Zehenspitzen umeinander herumzuschleichen und sprechen selten die Probleme an. Sie sind der Ansicht, dass die Kinder gesünder aufwachsen, wenn sie nicht wissen, dass ihre Eltern streiten.

Aber ab und zu kommt alles an die Oberfläche. Wie im Urlaub. Wo die Privatsphäre nur durch papierdünne Wände geschützt wird.

Jim ist generell lauter und meinungsstärker. Aber wenn es darum geht, den eigenen Willen durchzusetzen, hat Sarah für gewöhnlich den längeren Atem.

Als er das sehr laute Schweigen nicht mehr ertragen kann, sagt Jim: »Also, ganz schön viel, worüber man nachdenken kann. Du weißt schon, in diesem Podcast.«

Ohne von ihrem Buch aufzuschauen, sagt Sarah: »Jepp.«

Noch mehr lautes Schweigen.

»Steinbeck schrieb einen Haufen Bücher, bevor er mal wirklich etwas verkaufte. Wusstest du das?«

»Aha.« Sarah tut immer noch so, als würde sie lesen.

»Ich dachte, dass er vielleicht von Anfang an berühmt war. Aber ich sehe jetzt, dass er es nicht war.«

Er tut so, als würden sie ein Gespräch führen, und antwortet sich selbst: »Ja, Jim, das ist eine faszinierende Beobachtung.«

Sein Sarkasmus entgeht ihr nicht. Wenn sie noch nicht auf einen Konflikt zusteuerten, dann jetzt.

Weitere Minuten vergehen, in denen man so tut, als würde man lesen.

Dann, ohne von ihrem Buch aufzuschauen, sagt Sarah: »Weißt du, du wirst sie verlieren.«

»Was?«

Sarah schaut Jim jetzt an. »Sie wollte bloß zu Jeff gehen. Sie wusste, was sie zu erledigen hatte, bevor wir losfahren würden. Sie und ich hatten bereits darüber gesprochen. Du behandelst sie wie ein Kind.«

»Ich habe das Gefühl, dass wir nicht mehr über Steinbeck reden.«

»Ich bin stinksauer auf dich, Jim!«

Jim steht auf und schaut nach oben. »Geht's vielleicht etwas leiser? Wir müssen die Kinder da doch nicht mit reinziehen.«

Sarah sagt sogar noch lauter: »Typisch, Jim! Klar, lass uns die bescheuerte Illusion einer Welt für sie aufrechterhalten, in der die Menschen niemals ihre Stimme erheben, besonders nicht die Eltern. Genau, Jim, lass uns alle nett und leise sein. Aber du wirst uns alle verlieren, wenn du weiter so aufbrausend bist.«

Jim flüstert laut: »Ich bin nicht aufbrausend! Vielleicht bin ich einfach nur der Einzige, der Interesse an einer guten Erziehung hat.«

»Du hast recht, Jim. Wenn deine Tochter in der Öffentlichkeit zu demütigen gute Erziehung ist, dann *bist* du vielleicht der Einzige.«

»Herrgott, Sarah, hör auf damit! Wir sind im Urlaub. Warum müssen wir das jedes Mal tun? Du bist darauf aus, mich im Urlaub in unsere größten Streitigkeiten zu ziehen. Können wir nicht einfach eine schöne Zeit mit unseren Kindern verbringen?«

»Du tust etwas so unglaublich Dämliches und Unsensibles und dann sollen wir alle glücklich sein und weitermachen, als wäre nichts passiert? Du denkst, du hast gewonnen, nicht wahr? Das hast du nicht, Jim. Du wirst sie verlieren, beide.«

Sie schließt das Buch lauter als nötig. Und dann kommen Worte, die zeigen, wie tief die Enttäuschung über ihre Ehe ist. Worte, die sie schon gedacht, aber noch nie zuvor zu Jim gesagt hat.

»Und falls du es nicht bemerkt hast, du verlierst auch mich. Ich will nicht mit dir reden. Ich gehe ins Bett.«

Jim ist entschlossen, das letzte Wort zu haben.

»Das trifft sich gut, weil ich auch nicht mit dir reden will.« Sie stürmt ins Schlafzimmer und schließt die Tür lauter als nötig.

Jim seufzt vor sich hin, als er nach draußen geht und über die hüfthohe Mauer der Veranda steigt. »Verdammt!«

Am nächsten Tag nehmen sich alle Clawsons die Zeit, um an den Strand zu gehen. Sie belagern ihr vertrautes Sommerstrandfleckchen mit Decken, Handtüchern, Kühlboxen und Sonnenschirmen.

Weder Jim noch Sarah erwähnen die Auseinandersetzung der vergangenen Nacht. Dank der offenen Fenster und dem Rauschen der Wellen haben die Kinder wohl nichts vom Streit ihrer Eltern mitbekommen. Im Laufe der Jahre haben Jim und Sarah sich angewöhnt, ihre Streite aufzuteilen, wobei sie den darauffolgenden Tag weitermachen, als wäre nichts passiert. Auf lange Sicht funktioniert das nicht. Aber so hatten es schon ihre Eltern gemacht. Und auch bei denen hatte es nie funktioniert.

Nach dem Mittagessen springt Madison plötzlich von ihrer Decke auf, reibt den Sand ab und geht Richtung Nordpier. Sie trägt ein Bikinioberteil und kurze Shorts. Ihre Hände sind tief in den Taschen vergraben. Sie starrt aufs Wasser, wobei ihr Gesicht den Ausdruck von jemandem hat, der klein ist und etwas zu Großes trägt.

Jim bemerkt es, wartet aber ein paar Augenblicke, bevor er ihr folgt, weil er nicht auffallen will. Aber er wartet zu lange und verliert sie im dichten Gedränge um den Eingang zur Seebrücke. Er setzt darauf, dass sie auf die Brücke gegangen ist, einem ihrer Lieblingsplätze. Er entdeckt sie schließlich am anderen Ende, eingewoben zwischen einem halben Dutzend angelnder Familien verschiedener Ethnien. Die Gruppe ist eine verschwommene Mischung aus Lachen, Lärm und Bewegung, die ungestüm zappelnde Makrelen auf die rauen Holzbohlen zieht. Die mehr als dreißig Meter lange Brücke ist gleichermaßen totales Chaos wie auch Vergnügen.

Madison steht so reglos in der Menge, dass diese wirkt, als bewege sie sich im Zeitraffer. Sie starrt auf das Meer. Jim beobachtet seine Tochter eine ganze Weile. Die Zeit verlangsamt sich vor ihm.

Er erinnert sich an den Nachmittag, an dem er seinem hübschen kleinen Mädchen auf genau dieser Seebrücke beibrachte, einen Fisch auszuwerfen und den Fang vom Haken zu nehmen. Wie sie sich angeekelt abwandte, als er den kleinen Fisch als Köder auf den Haken am Ende der Schnur steckte. Und dann der wilde Tumult, als eine Makrele anbiss und sich ihre Angelrute stark nach unten bog. Sie quietschte und sprang auf und ab. »Dad, wir haben einen! Dad, ist es ein großer? Dad, lass mich ihn raufholen!« Sie ließ nicht zu, dass er den Fisch abnimmt. Sie wollte lernen, es selbst zu tun. Und das hat sie! Sie zog den Haken mit einer Zange heraus und warf den blutigen Fisch in den neben ihr stehenden Wassereimer.

Jim bricht in ein unwillkürlich breites Lächeln aus, als er sich an die anderen Anwesenden erinnert, die klatschten und zu ihnen herüberkamen, um seiner Tochter auf ihr Basecap zu klopfen.

Das Leben meldet sich mit voller Kraft zurück, als Jim plötzlich die ein paar Abende zurückliegende Szene im Vorgarten ihres Zuhauses durch den Kopf schießt. Alles war so einfach, als sie noch klein war. Jetzt ist alles so angespannt und kompliziert, und er weiß nicht, was er tun soll.

Sätze aus dem Erziehungspodcast spielen immer wieder in seinem Kopf.

In gleichem Maß, wie eure Kinder euch vertrauen, lassen sie sich von euch lieben und beeinflussen.

Sie vertraut mir im Moment nicht. Ich bin mir nicht mal sicher, ob ich mir vertraue. Ich glaube, früher hat sie mir vertraut. Oder mich zumindest gemocht.

Als Madison drei oder vier war, stellte sie sich immer vor die Tür, wenn er zur Arbeit gehen wollte. Ihre kleinen Zöpfe hüpften, während sie stampfte und schrie: »Geh nicht, Daddy!«

Ich war mal das, was es in diesem Lied heißt: »Der Gott und das Gewicht ihrer Welt.«

Jim vermisst das Mädchen, mit dem er Lieder erfand. Ihm fehlt es, mit ihr im Hinterhof zu zelten, gemeinsam auf dem Trampolin liegend in den Nachthimmel zu blicken und laut darüber nachzudenken, wie weit der Himmel wohl gehen mag. Aber das Herz dieses Mädchens ist jetzt drei Ozeane weit entfernt.

Gedankenverloren läuft er die halbe Länge der Brücke auf und ab.

Ich weiß nicht, wie ich damit umgehen soll. Sie wird wütend auf etwas. Dann wird sie respektlos. Dann werde ich wütend. Dann wird meine Wut für alle zum Problem. Ich hasse es.

Was hat diese Frau noch gesagt? Wenn ich nicht zulasse, dass sie mir sagen, welche Wirkung ich auf sie habe, dann wird sich das in Wut ausdrücken. Was dazu führen wird, dass ich wiederum auf ihre Wut reagiere, anstatt zu hören, was sie mir zu sagen versuchen.

Jim murmelt vor sich hin: »Es ist, als hätten die Kameras in unserem Haus.«

Er schlängelt sich durch die ausgelassene, angelnde Menschenmenge in Richtung Madison. Sie ist entweder gleichgültig gegenüber seiner Anwesenheit oder so tief in Gedanken, dass sie ihn nicht bemerkt. Jim steht jetzt neben ihr und stützt die Ellbogen auf das Geländer. Er blickt neben ihr auf das Meer.

»Können wir reden?«

Keine Antwort. Nur Makrelen, die hinter ihnen in Wassereimern herumzappeln und -sausen.

»Madison, ich möchte dich fragen, in welcher Weise ich dich negativ beeinflusse.«

Sie schüttelt den Kopf. »Lass es.«

»Lass was?«

»Du hast es nicht mal richtig gesagt.«

»Was gesagt?«

»Den Satz aus eurem Podcast.« Sie schiebt ihre Brille auf der Nase hoch.

»Du hast zugehört?«

»Nun, ja.«

»Aber du hattest doch deine Ohrhörer drin.«

»Das mache ich ständig.«

»Was?«

»Die Ohrhörer ohne Ton zu tragen. Nur so können wir erfahren, was ihr Leute wirklich denkt.«

»Hm«, murmelt Jim. »So ähnlich wie Baseballspieler, die geheime Zeichen vom Fänger erhaschen.«

»Was?«

»Nichts.«

»Dad, ich habe es dir schon gesagt. Und du hast nicht zugehört. Ich würde dir noch mehr sagen, aber was soll das bringen?«

»Nun, das war nicht genau das, was ich –«

»Du hörst mir nicht zu.«

Madison dreht sich um und beginnt, zurück zum Strand zu gehen; mit einem leichten Kopfnicken bedeutet sie ihm, ihr zu folgen, und signalisiert damit, dass ihr Gespräch beendet ist.
»Ohrhörer drin ohne Ton«, murmelt Jim. »Brillant.«
Madison lächelt beinahe. Etwas an seinem Versuch, sich verletzlich zu geben, erlaubt es Madison, ihren Vater aufholen zu lassen. Den ganzen Weg über zurück am Strand reden sie nicht. Aber Jim wird wieder in Madisons Welt hineingelassen. Zumindest ein kleines Stück. Seine Tochter geht mit ihm den Strand entlang. Vielleicht ein oder zwei Schritte vor ihm. Aber sie gehen gemeinsam. Und für den Moment reicht das.

IN DER EPISODE

Auf dieser Brücke mit Madison probierte Jim eine tiefgründige Lebenswahrheit aus. Es war ein kläglicher Versuch. Aber seine Bereitschaft, die Annäherung an Madison zu wagen, indem er anfängt, sein Fehlverhalten einzuräumen, hat eine Bedeutung, die er noch nicht verstehen kann.

Als Elternteil ist nichts wichtiger als das Vertrauen deiner Kinder zu verdienen.

Nichts.

In gleichem Maß, wie eure Kinder euch vertrauen, lassen sie sich von euch lieben. Egal, wie viel Liebe ihr ihnen geben müsst.

Wir können gute Vorsätze haben, Werte, Überzeugungen, Weisheit und Wahrheiten weiterzugeben. Wir können unsere Kinder treu lieben, schützen und leiten. Aber wenn sie uns nicht vertrauen, passiert eigentlich gar nichts.

Bedenkt die frühere Aussage über Gott: »Weil Gottes Hauptziel darin besteht, mein Vertrauen zu gewinnen, damit er mich lieben und mich immer reifer werden lassen kann, mein Verhalten korrigieren und mein Leben befreien kann, werde ich versuchen, meinen Kindern dasselbe zu bieten.« Und wenn mein Kind mir vertraut, kann ich Liebe geben, die angenommen werden kann, ich kann Wahrheit vermitteln und ich kann Führung anbieten. Es ist genau das gleiche Muster für mich und mein Kind wie bei Gott und mir, wenn es um ein gesundes Verhältnis zueinander geht!

Vergesst nicht – das Herz ist nur durch Vertrauen zugänglich. Wir wissen, womit wir zu kämpfen hatten. Und wir wollen nicht, dass unsere Kinder das Gleiche durchmachen müssen. Also ohne überhaupt zu fragen, ob es funktioniert, gehen wir davon aus, dass die Kontrolle unserer Kinder mit strenger Autorität, Beschämung oder einem Appell an enttäuschte, an Bedingungen geknüpfte Akzeptanz sie beschützen wird. Es tut weh, wenn man feststellt, dass der Wille, sie zu beschützen, nicht automatisch auch die Fähigkeit dazu gibt.

Keiner von uns will bei unseren Kindern Schulschwänzerpolizei spielen. Keiner von uns will mithilfe von Macht, Lautstärke oder dem Wegnehmen von Privilegien gewinnen. Aber es ist möglich, eines Tages aufzuwachen und zu entdecken, dass dies die Rolle ist, die wir übernommen haben. Techniken, Formeln und Strategien, die aus einer fehlerhaften Anwendung geistlicher Prinzipien stammen, scheinen den Erfolg zu sichern. Wir können uns leicht zu der Vorstellung hinreißen lassen, dass unsere Aufgabe größtenteils erledigt ist, wenn wir unsere Kinder nur dazu kriegen können, sich zu benehmen. Aber wenn ihr so über Erziehung denkt, werdet ihr – wie Jim – irgendwann vielleicht ein schwieriges Gespräch mit euren Kindern führen. Ein Gespräch darüber, dass man euch nicht genügend vertraut, um Einfluss auf ihr Herz nehmen zu dürfen. Und das wird euch das Herz brechen.

Wenn du gerade erst Mutter oder Vater geworden bist, schlage diesen Weg gar nicht erst ein. Aber selbst wenn du Elternteil eines Teenagers bist, der in wenigen Monaten ausziehen wird, ist es nicht zu spät, von diesem Weg umzukehren und den entstandenen Schaden rückgängig zu machen. Gott hat mit der Familie zugleich auch eine unglaubliche Hoffnung geschaffen.

Es ist nie zu spät, diese Hoffnung zu finden und neu anzubieten. Es ist nie zu spät.

EPISODE VIER
GESTERN IST VORBEI

Keiner der Clawsons ist ein Langschläfer. Auch nicht im Urlaub. Um 7 Uhr 45 sind sie bereits auf und bereit, den Highway 1 hinunterzufahren.

Bevor sie die Küste hinauffahren, planen sie, etwas Zeit mit Sarahs Eltern zu verbringen, knapp 100 Kilometer südlich in Encinitas.

Als sie den Urlaub planten, hatten sie bereits darüber gesprochen. Aber Jim fragt noch einmal: »Müssen wir auf dieser Fahrt wirklich deine Eltern besuchen? Das liegt eigentlich nicht auf dem Weg.«

»Es sind meine Eltern!« Sarah reagiert höchst empört. »Du kannst sie nicht einfach übergehen. Wir besuchen ja auch *deine* Eltern, stimmt's?

»Ja, aber meine Eltern liegen auf dem Weg.«

»Wir hätten über San Diego hochfahren können. Dann hätten sie auch auf dem Weg gelegen.«

Jim wird sarkastisch und meidet jede Logik. »Na ja, wir hätten durch die Dominikanische Republik hochfahren können und eine ganze Menge Leute hätten auf dem Weg gelegen.«

Aiden ruft vom Rücksitz aus: »Das ergibt doch gar keinen Sinn!«
Madison meldet sich. »Nochmal zur Lüftung. Geht da irgendwas für uns hier hinten?«

Jim hätte wirklich nichts dagegen, Sarahs Eltern im Urlaub auszulassen – und bei fast jeder anderen Gelegenheit. Und ihre Eltern wären auch nicht ganz unglücklich, wenn sie die Familie ohne Jim sehen könnten.

Hier ist ein direktes Zitat von Sarahs Vater Hal: »Hätte er nicht Arzt werden können? Was ist eine *Gesundheitsfachkraft* überhaupt? Wer studiert denn, um Gesundheitsfachkraft zu werden? Wird er stundenweise bezahlt? Vielleicht liegt es nur an mir, aber ich verstehe es nicht. Weißt du, wir haben ihr immer gesagt: ›Du hättest Kevin Reynolds heiraten können. Er hat seine eigene Praxis.‹ Wir müssen ihr das hundertmal gesagt haben. Oder etwa nicht? Was gibt es an Dr. Kevin Reynolds nicht zu mögen? Aber nein, sie muss eine Gesundheitsfachkraft heiraten.«

Madison und Aiden haben nichts dagegen, Sarahs Eltern zu besuchen, schon allein deshalb, weil die einen riesigen Fernseher haben. *Mit einem 72-Zoll-Bildschirm.* Die Clawsons besitzen einen 42-Zoll-Fernseher. Dieser Vergleich wurde während der Reise bereits mehrfach angestellt. Jim ist sich fast sicher, dass Hal den Fernseher nur gekauft hat, um den Enkeln zu zeigen, dass er ein besserer Versorger als ihr Vater ist.

Sarah liebt ihre Eltern. Sie zu besuchen ist jedoch nie einfach. Sie sieht in ihnen viel zu viel von sich selbst. Besonders in ihrer Mutter. Leslie hat eine Art und Weise an sich, in fast jedes Gespräch eine stichelnde Bemerkung, eine Kritik oder eine moralische Lektion einzuschieben. Der nagende Moralismus, der in religiöse Rechtfertigung gehüllt ist, ist für jeden eine bittere Pille. Und Leslie hat religiöses Nörgeln zu einer Kunstform perfektioniert. Sarah hat immer das Gefühl, dass ihre Mutter nie ganz zufrieden mit ihr ist.

Als Hal und Leslie das letzte Mal über die Feiertage nach Phoenix kamen, übernachteten sie im Gästezimmer der Clawsons. Großer Fehler.

»Sarah, Schatz, lässt du einfach die Kinder entscheiden, wann sie ins Bett gehen? Ist das nicht etwas, wofür du die Verantwortung übernehmen willst? Du musst einen Plan mit klaren und konkreten Regeln an den Kühlschrank heften. So habe ich es damals auch gemacht. Erinnerst du dich? So wissen alle, was von ihnen erwartet wird. Dann hättest du sicherlich weniger Streit mit Madison, wenn es Schlafenszeit ist.

Leslie hat einen Doktortitel in anderer Leute Angelegenheiten. Man kann Leslie *nichts* sagen. Denn Leslie lässt sich nichts sagen. Frag einfach Hal.

Der Besuch ging von schrecklich zu schrecklicher über, als sich Madison hinter ihrem Rücken über Leslie lustig machte. Während Leslie weiter über den Kühlschrank-Zeitplan sprach, war Madison im Nebenraum und äffte lebhaft Leslies Worte für ihren kleinen Bruder nach, der bis eben noch mit anderen Dingen beschäftigt war. Aiden erinnert sich gut an den Vorfall. Er hatte damals viel Ärger wegen »Respektlosigkeit« bekommen, weil er derjenige war, der laut lachte. Als die anderen ins Zimmer kamen, zuckte Madison mit den Schultern, als wollte sie sagen: »Keinen Schimmer, worüber er gelacht hat.«

Aber jetzt sind sie in Encinitas, schon seit zwei Tagen. Sarah hat das Gefühl, dass sie den Atem anhält und die ganze Zeit über ein Minenfeld läuft. Der Aufenthalt war bisher größtenteils ohne Zwischenfälle verlaufen. Aber die Spannung könnte selbst eine Nichtraucherin wie Sarah dazu bringen, sich eine ganze Packung filterloser Zigaretten anzuzünden.

Später am Abend, nachdem ihre Eltern ins Bett gegangen sind, zieht Sarah ein Sweatshirt an und stiehlt sich hinaus an den Strand, einen Block vom Haus ihrer Eltern entfernt.

Wie Jim bekommt sie einige Sätze aus dem Podcast nicht aus dem Kopf:

Wenn ich eine Theologie des Sündenmanagements annehme, werden diejenigen, die mir folgen, in das gleiche ungesunde Muster geführt.

Sarah trägt ihre Sandalen in der Hand und watet barfuß im knöchelhohen Wasser an der Meeresküste von Encinitas entlang. Und wieder denkt sie laut nach, doch zu wem spricht sie dabei? Zu sich selbst? Zu Gott?

»Genau das ist mir passiert. Ich bin meiner Mutter in die gleichen lächerlichen Muster gefolgt. Sie funktionierten nicht für sie, und sie funktionieren ganz sicher nicht für mich.«

Sarah wird klar, dass sie ihre Kinder zum Gehorsam drängt. Vielleicht nicht Madison, so sehr sie es auch versucht hat. Aber auf jeden Fall Aiden. Genau wie ihre Mutter nörgelt sie mit ihren Kommentaren unablässig an ihm herum.

»Uns mit Vorschriften zu überhäufen, war ihre Art, dafür zu sorgen, dass wir uns in der Öffentlichkeit gut präsentierten, ohne dass sie in die Schützengräben gehen und sich mit unseren Emotionen und Dramen schmutzig machen musste. Es gab wahrscheinlich einen Moment, in dem sie merkte, dass es nicht funktionierte. In dem ihr klar wurde, dass wir einander nicht mochten. Aber Mum muss es weggesteckt haben, weil sie dachte, dass sie ›nicht die Freundin ihrer Kinder sein sollte, sondern ihre Mutter!‹ Dass ihre Kinder nicht wie ›diese Slocum-Kinder‹ aufwachsen würden, die noch lange nach dem Einschalten der Straßenlaternen durchs

Viertel streifen. Selbst wenn ihre Kinder unglücklich wären, würden sie es ihr danken, wenn sie erwachsen sind. Nun, ich bin jetzt erwachsen. Und ich bin nicht dankbar. Ich ärgere mich über ihre manipulativen Klischees jetzt genauso wie damals.

Machen sich Madison und Aiden hinter meinem Rücken über mich lustig? Haben sie sich eine Zeit lang bemüht und waren es dann leid, so zu tun, als könnten sie dem ständigen Geleier meiner Forderungen standhalten?

Jim hatte Recht. Wir hätten nie hierherkommen sollen. Es ist nie gut.«

Sarah hat diese Gedanken fast fünf Kilometer lang wiederholt. Plötzlich merkt sie, wie weit sie vom Haus ihrer Eltern entfernt ist. Die durch ihre neurotischen Ängste verursachte Andrenalinwelle ist abgeebbt. Jetzt ist sie besorgt, dass sie es vielleicht nicht mehr zurückschaffen könnte. Es ist zu spät, als dass man an diesem dunklen und einsamen Strandabschnitt allein sein sollte.

Sarah zieht ihr Telefon heraus und ruft Jim an. Sie bittet ihn, sie bei einem Café zu treffen, das sie vom Strand aus sehen kann.

Zehn Minuten später sitzen sie sich in Surfdog's Java Hut gegenüber. Der Laden hat seit Stunden geschlossen, aber draußen gibt es einen Picknicktisch. Der Mond ist sichtbar und eine Straßenlaterne vom Highway 101 leuchtet in ihrer Nähe, sodass sie einander sehen können.

»Du hattest Recht, Jim. Wir hätten nicht hierherkommen sollen. Wie behandelt dich mein Vater?«

»Hör dir das an. Er fragte, ob wir dafür sorgen, dass die Kinder sich impfen lassen. Impfungen! Ich wusste nicht, was ich sagen sollte. Ich antwortete: ›Vielleicht.‹ Wer antwortet mit ›vielleicht‹? Es ist doch eine Ja-oder-Nein-Frage! Aber dein Vater ist wie Kryptonit für mich. Ich verliere die Fähigkeit zu denken. Ich kann nicht glauben, dass ich ›vielleicht‹ gesagt habe. Dein Vater stand auf, murmelte etwas über das Gesundheitswesen und ›diese Geld druckenden Sozialisten‹ und stürmte in die Küche.«

»Er mag dich, Jim. Du bist nur zufällig der Mann seiner Tochter. So ähnlich wie Jeff. Ein netter Junge, der zufällig deiner Tochter begegnet ist.«

»Du hattest schon bessere Vergleiche.«

Sarah spürt Jims frustrierte Erschöpfung, also geht sie zu dem über, was sie eigentlich fragen wollte. »Du musst es mir sagen – bin ich wie meine Mutter? Gebe ich allen das Gefühl, ständig verurteilt zu werden?«

»Ich kann deine Augen hier draußen im Dunkeln nicht sehen. Ist das eine Fangfrage?«

»Du musst es mir sagen.«

Es entsteht eine peinliche Stille.

»Das erinnert mich an diesen Werbespot, in dem Abraham Lincolns Frau ihn fragt: ›Lässt mich dieses Kleid dick aussehen?‹«

»Du sagst also, dass ich zu dick bin?«

»Vielleicht entgeht dir der subtile Punkt dieser Analogie.«

»Du sagst also, ich *bin* wie meine Mutter.«

Jim holt tief Luft.

»Lass uns lieber darüber reden, worin du *nicht* so bist wie sie. Sie würde nie jemandem die Frage stellen, die du mir gerade gestellt hast. Sie würde es nie wissen wollen. Sie würde es nie und nimmer erlauben, dass ihr jemand die Wahrheit über sie sagt. Also, nein, in dieser Hinsicht bist du nicht wie sie.«

»Jim, hier bei meinen Eltern erkenne ich, dass so viel von meiner Art zu erziehen von ihnen stammt. Ich fühle mich ganz und gar nicht gerüstet, unsere Kinder zu erziehen. Trotzdem gebe ich ihnen das Gefühl, dass es ihre Schuld ist. Und ich habe das Empfinden, dass du zu viel für sie bist, also versuche ich, sie vor dir zu schützen. Aber ich verstehe jetzt, dass jemand sie vor mir beschützen muss.«

Sarah wendet sich ab, als ob sie diese Erkenntnisse im Asphalt einen Meter vor ihrem Tisch findet. Jim starrt sie an und beginnt dann zu lächeln. In diesem verletzlichen, ehrlichen Moment unter der Straßenlaterne fühlt er sich gerade sehr zu ihr hingezogen. »Sarah, die Chancen, dass ich diesen Moment ruiniere, sind astronomisch groß. Können wir einfach zurückgehen?«

»Ich weiß, wie das abläuft. Ich werde ins Bett gehen und wenn ich aufwache, werde ich weitermachen, als wäre nichts passiert. So überlebe ich.«

Jim antwortet ihr ruhig: »Dann lass es uns nicht tun. Lass uns nicht weitermachen, als wäre nichts passiert. Sarah, ich weiß nicht, wie das bei dir ankommt, aber in diesen paar Augenblicken fühle ich mich dir näher als seit Monaten.«

Schweigen.

Jim steht auf und nickt in Richtung Auto. Sarah steht auf und sagt: »Du hast diesen Moment nicht ruiniert.« Sie hält inne. »Du hast die Frage bezüglich Abraham Lincoln nicht vollständig beantwortet. Aber ich denke, ich lasse dich vom Haken. Ja, lass uns zurückgehen. Hat jemand gefragt, wo ich sei?«

»Deine Mutter. Ich zitiere: ›Jim, hast du Sarah gesehen? Ich muss sie nur fragen, zu welchem Gottesdienst ihr alle morgen früh gehen wollt.‹«

»Gottesdienst? Warum sagt sie das? Wir sind im Urlaub. Sie weiß, dass wir nicht in die Kirche gehen.«

»Erschieß mich nicht. Ich bin nur der Bote.«

»Deren Pastor bereitet mir Kopfschmerzen. Er beendet die Hälfte seiner Sätze mit: ›Hab ich Recht?‹ Nein, wir gehen nicht in diese Kirche!«

»Sprich du mit deiner Mutter. Ich werde mich da nicht einmischen. Ich muss meine eigenen Schlachten schlagen. Ich musste deinem Vater sagen: ›Nein, ich möchte nicht, dass die Kinder mit dir Kämpfe der Ultimate Fighting Championship anschauen.‹ Ich weiß immer noch nicht, ob er das ernst meinte. Ich sage dir, ich werde aus dem Mann echt nicht schlau!«

Sarah lacht.

»Es tut mir leid. Es ist kompliziert. Dad war dieser in hoher Verantwortung stehende Unternehmer unter Hochspannung. Aber so weit ich zurückdenken kann, wenn es um Erziehung ging, hat Mum alles gemacht. Dad ist nicht passiv-aggressiv. Er ist nur passiv. Er ließ Mum alles machen. Ich denke, er hatte Angst, ihr in die Quere zu kommen oder sich einzumischen, weil er befürchtete, wenn er es täte, müsste er sich tatsächlich an der Erziehung beteiligen. Er schenkte uns Kindern immer zu viel, besonders an Geburtstagen und Festtagen. Ich glaube, es war seine Art zu beweisen, dass auch er uns liebt. Es war die einzige Sache, für die er bereit war, die verbale Abreibung von Mum zu riskieren.«

»Ja, nun, ich hätte nichts dagegen, wenn sich seine ungesunden Entschädigungsakte auf seinen Schwiegersohn ausdehnten.«

Sarah, die immer noch die Sache mit der Kirche beschäftigt, sagt: »Wir müssen früh am Morgen aufbrechen, wenn wir bis zum Abend nach Monterey kommen wollen. Wir gehen nicht in ihre Kirche.«

Während sie beide zum Auto gehen, murmelt Jim: »Ich sagte ›vielleicht‹ zu deinem Vater. Es war eine Ja-oder-Nein-Frage.«

Am nächsten Morgen um acht Uhr sind sie wieder im Auto. Jim sitzt bei geöffneter Tür auf dem Fahrersitz und berechnet die 670 Kilometer lange, überwiegend gewundene Highway-Strecke von Encinitas nach Monterey. Sarah und die Kinder schleppen ihr letztes Gepäck zum Kofferraum. Sarah hatte ihren Eltern gestern Abend ziemlich deutlich gesagt, dass sie nicht mit ihnen in die Kirche gehen würden. »Ziemlich deutlich« bedeutet jedoch nicht, dass es auch gut ankam. Als Leslie und Hal das Haus verlassen, um zur

Kirche zu gehen, bleibt Leslie noch am Auto stehen und umarmt jedes der Kinder.

Dann, wie man es von ihr kennt, verabschiedet sie sich von Sarah mit einer vorhersehbaren Ermahnung. »Ich denke immer noch, dass ich den Kindern ein Beispiel dafür sein würde, dass Gott keine Ferien macht. Aber kümmere dich nicht um mich. Wir sind ja nicht ihre Eltern.«

Jim umgreift das Lenkrad, als wollte er das Leben aus einem tollwütigen Vielfraß herauswürgen. Er macht einen langen, hörbaren Atemzug.

»Unser Gottesdienst wird auf dem lokalen Radiosender übertragen«, fährt Leslie fort. »Vielleicht könnt ihr im Auto zuhören.«

Sarahs Eltern fahren aus der Einfahrt. Jim startet das Auto, stellt den Rückspiegel ein und betrachtet Madison und Aiden auf dem Rücksitz. Beide geben durch ihr Augenrollen zu erkennen, dass sie die Stichelei ihrer Großmutter mitbekommen haben. Jim legt den Rückwärtsgang ein und fährt aus der Einfahrt heraus, wobei er Hal und Leslie zuwinkt und ein übertriebenes Grinsen aufsetzt: »Kinder, was Großmutter gesagt hat, lasst es eine Lektion für uns alle sein.«

»Was für eine Lektion?«, fragt Aiden.

»Sohn, ich habe absolut keine Ahnung.«

Die Strecke vor ihnen ist kurvenreich und Jim erinnert sich plötzlich an ihre Fahrt durch den Wolf-Creek-Pass in Colorado im letzten Sommer. Auf dem Rücksitz erging es Aiden nicht so gut. Jim sprang beim ersten Supermarkt raus, um ihm Reisetabletten zu besorgen. *Mich zweimal reinlegen*, denkt er bei sich. *Nicht heute, Universum.*

Irgendwo hinter Thousand Oaks geraten sie in einen Baustellenstau. Zwanzig Minuten ziehen sich von einem Ausfahrtsschild zum nächsten. Die Illusion von Bewegung und räumlicher Privatsphäre verflüchtigt sich, während sie nur im Schritttempo vorwärtskommen.

Madison tut so, als würde sie auf dem Rücksitz ersticken. »Klima ... kann nicht. Mach ... Klima.« Dann, zur Überraschung aller, sagt sie: »Es ist okay, wenn ihr diesen Podcast abspielen wollt.« Hinter ihrer Fassade des Desinteresses ist Madison tief fasziniert von dem, was diese Frau sagt.

Madison weiß, dass etwas nicht stimmt – mit ihrer Familie, mit dem Leben. Sie weiß noch nicht genau, warum sie sich so fühlt, wie sie es tut. Sie weiß nur, dass ihr Herz wehtut. Sie wird zunehmend zynisch und zieht sich immer mehr von ihnen zurück. Oft sucht sie Streit, auch wenn ihr das Thema völlig egal ist. Sie verliert die Hoffnung. Hoffnung, dass ihre Eltern die echte Madison kennen werden. Hoffnung, dass sie in der Lage sein werden, mit der echten Wahrheit über sie umzugehen. Hoffnung, dass sie jemals erfahren werden, was sie ihnen nicht mehr erzählt. Und sie verliert die Hoffnung, dass der Glaube, zu dem ihre Eltern sie erzogen haben, in der Lage ist, die Heuchelei zu korrigieren, die sie um sich herum sieht.

Vielleicht ist es die Freundlichkeit in der Stimme der Frau. Vielleicht auch, dass das, was sie lehrt, so anders klingt als das, was Madison bisher in ihrem Zuhause gehört hat. Sie versteht nicht so recht, warum sie es weiter abspielen lassen wollte. Wie dem auch sei, Madison ist zur Cheerleaderin dieses Podcasts über Erziehung geworden.

Sarah verbindet ihr Telefon und startet den Podcast.

Bisher sind wir grundlegende Wahrheiten durchgegangen, die weitgehend allen zugänglich sind. Aber heute stellen wir die Kraft und Grundlage hinter diesen Wahrheiten dar, die Eltern, die an Christus glauben, zur Verfügung stehen.

Um ein neues Leben zu beginnen, müsst ihr an eine Gnade glauben, die euch nicht nur in den Himmel bringt, sondern euch auch schon völlig verändert hat und euch jetzt zur Reife bringt.

Gnade, die eure neue Natur Christi anspricht, mit der ihr vereinigt wurdet. Gnade, die eine bereits vollbrachte Gerechtigkeit in euch anspricht. Gnade, die eine bereits vollbrachte Heiligkeit in euch anspricht. Gnade, die euch davon überzeugt, dass ihr nicht mehr die seid, die ihr einst wart.

Wisst ihr, dass ihr vollständig gerecht und heilig seid, genau in diesem Moment? Nicht erst eines Tages, nach genügend mühsamer Plackerei und unermüdlichem Leistungsstreben. Sondern genau jetzt?

Du. Genau jetzt.

Gerecht. Heilig.

Nichts, woran ihr glaubt und worauf ihr euch verlasst, ist auf großartigere Weise befreiend als diese eine Wahrheit: Ihr seid nicht mehr die, die ihr wart, auch nicht an euren schlimmsten Tagen. Euer Vertrauen und der Verlass auf »Christus in euch« ist die Quelle jedes bisschen Kraft, Freude, Heilung und Frieden.

Für euch und euer Kind.

Madison ruft vom Rücksitz aus. »Pause, bitte.«

Sarah macht aus.

Madison fragt: »Glauben wir dieses Zeug?«

Immer noch auf die Straße blickend antwortet Sarah: »Was meinst du, Madison?«

»Ich meine, wir reden nie so. Niemals.«

Jim erwidert nichts, aber er weiß, dass Madison die Wahrheit sagt.

Mittlerweile haben sie den Stau hinter sich gelassen und der Subaru kommt wieder auf Touren. Zusammen mit der Verkehrsstockung scheint sich auch die Unbehaglichkeit des Moments aufzulösen. Jeder konzentriert sich wieder auf das, womit er zuvor beschäftigt gewesen war.

Alle außer Madison, in deren Kopf jetzt dieser neue Gedanke kreist: »*Du bist nicht mehr die, die du mal warst.*«

Die Clawsons schlängeln sich hoch durch Malibu und Santa Barbara. Der morgendliche Meeresdunst löst sich auf und es entfaltet sich ein majestätischer Tag an der kalifornischen Küste.

Aiden ermuntert die Familie, raus an die Sonne zu gehen – mit diesen Worten: »Dad, ich muss mich übergeben.«

Leider sind sie immer noch drei Kilometer von Morro Bay entfernt. Also stellt sich Jim vor, er sei Captain Kirk am Steuer des Raumschiffs Enterprise und schaltet den Subaru in den Warpantrieb. Noch eher, als er dachte, nimmt Jim die Ausfahrt, die zu einem Strand führt, den noch niemand von ihnen je gesehen hat. Aiden stürmt aus dem Auto und steuert auf eine nahegelegene Baumgruppe zu. Was dabei herauskommen sollte, kam – buchstäblich – nicht heraus. Falscher Alarm, aber immer noch besorgniserregend. Jim, Sarah und Madison greifen sich jeweils Decken, Stühle, die Kühlbox und Arme voller Lebensmitteltaschen. Sie gönnen Aiden eine Auszeit auf diesem Schlepp-alles-mit-Ausflug zum Strand.

Morro Bay ist der inoffizielle Übergangspunkt zwischen den Stränden Süd- und Nordkaliforniens. Zypressen säumen ihren Weg und beugen sich vom Meer weg. Bald stehen sie auf Sand, der von mehr Treibholz übersät ist, als sie je gesehen haben. Morro Rock, ein markanter Vulkanhügel, ragt vor ihnen auf, knapp fünfzig Meter vom Ufer entfernt. Die Strände Südkaliforniens haben kaum interessante Muscheln und sind weitgehend frei von Strandglas und Treibholz. Doch dieser Abschnitt ist rau und windig, unberechenbar, fast gefährlich. Es fühlt sich alles unerforscht und lebendig an. Dieser Strand spiegelt gewissermaßen das Leben in dieser Familie wider.

Die ersten zehn Jahre fühlte sich die Elternschaft gewissermaßen wie ein südkalifornischer Strand an. Spaßig, einfach, vorhersehbar, teuer, überfüllt. Seite an Seite mit anderen Familien, die Urlaub machen und Wellenbretter auf einen sauber geharkten Sandabschnitt vor einem Resort-Hotel ziehen. Eltern zu sein fühlte sich beherrsch- und kontrollierbarer an. Heute fühlt sich das Elternsein wie der Strand in Morro Bay an. Unebener Sand. Der Strand mit Seetang und Seegras übersät und kein Hotelmitarbeiter in Sicht, der das Zeug wegharkt.

Weder Aiden noch Madison waren jemals in diesem Gebiet Kaliforniens. An diesem urwüchsigeren Strand wirken ihre Eltern lustiger, hipper und weiser als eine halbe Stunde zuvor.

Aiden, der den anderen vorausrennt, ruft: »Das ist ja genial!« Er wirft ein Stück Treibholz ins Wasser. »Warum habt ihr uns nicht schon eher mal hierhergebracht?«

Dieser Badestrand von Morro Bay ist etwa fünf Kilometer lang. In den nächsten Stunden verteilen sie sich ziellos über einen Großteil davon – erkunden Gezeitenbecken und suchen nach Strandglas, Muscheln und interessantem Treibholz. Sie treffen sich schließlich auf ausgebreiteten Decken wieder, um Sandwiches zu machen und auf das Meer zu blicken.

»Kartoffelchips in deinem Sandwich, Aiden? Wieso?« Madison macht ein Gesicht, als würde sie ihn beschuldigen, Senf auf Müsli zu geben.

»Weil es toll ist.«

»Nein. Einfach nein! Die Chips liegen neben dem Sandwich auf einem Teller. Wir als Gesellschaft haben Regeln. Das ist es, was uns von den Tieren unterscheidet.«

Aiden stopft noch mehr Chips in sein Sandwich, nimmt einen Riesenbissen und öffnet dann weit seinen Mund zu Madison hin, um ihr zu zeigen, wie sein Essensbrei aussieht.

»Meine Güte. Ich glaube, mir wird schlecht.«

Jim schaut zu Madison hinüber, lächelt und öffnet kurz seinen Mund, der mit einer Vielfalt gekauter Picknickpampe gefüllt ist.

»Das ist krank. Mum, tu etwas.«

»Sie haben nur Spaß, Madison.«

»Männer sind Tiere. Eklige, dumme Tiere.«

Jim und Aiden schauen sich daraufhin an und versuchen zu bellen. Was sie so sehr zum Lachen bringt, dass sie etwas von ihrem Essen ausspucken. Mehr Gebell. Und noch mehr Lachen. Als wären sie die beiden witzigsten Menschen auf der Welt.

Diese Qualität der Interaktion prägt die nächsten Minuten.

Eine Familie im Urlaub – frei und ungezwungen.

Niemand hat es eilig, wieder aufzubrechen.

Aber die dünnen Wolken haben sie getäuscht. Die Sonne richtet viel Schaden an. Als sie zum Auto zurückkehren, haben sie alle einen Sonnenbrand. Noch hat keiner von ihnen Schmerzen. Aber das wird sich ganz sicher noch ändern.

Es ist nicht so, dass sie keinen Sonnenschutz haben. Madison nimmt ihn aus dem Getränkehalter am Rücksitz, als sie wieder in ihren Subaru steigen. »Noch jemand Sonnenschutzspray?«

Als sie vom Parkplatz fahren, schreit Aiden: »Wartet!« Er hat gerade bemerkt, dass seine Kappe noch auf einem Felsen in der Nähe des Strands liegt. »Halt. Meine Kappe! Meine Kappe!« Er ist inzwischen aus dem Auto gesprungen. Er zeigt auf die Stelle, wo sie gesessen hatten, etwa 800 Meter entfernt. »Sie ist da hinten!«

Jim ist verärgert. Er hat die Ankunftszeit beim Hotel auf die Minute genau bestimmt. Und jetzt vermasselt Verantwortungslosigkeit seine Berechnungen.

Zu jeder anderen Zeit würde Jim vielleicht sagen: »Steig wieder ins Auto, Aiden. Es ist eine blöde Zehn-Dollar-Kappe. Wir besorgen dir eine neue.« Oder: »Ihr Kinder müsst einfach lernen, euch umzuschauen, bevor ihr einen Ort verlasst. Mit allem, was wir schon verloren haben, könnten wir einen Urlaub auf Hawaii machen.« Aber diesmal macht er das nicht.

Diesmal wirbelt eine geistliche Realität durch den Moment: *Die Wahrheit verwandelt nur, wenn ihr vertraut wird.*

Er ist immer noch ärgerlich. Aber Jim entscheidet sich, auf etwas zu vertrauen, was er im Podcast gehört hat. Geglaubte Worte verschmelzen nun mit seinem Herzen und kommen in einer derart qualitativ andersartigen Handlung zum Vorschein, dass selbst er überrascht ist.

Er dreht sich zu Aiden um, lächelt und sagt: »Schon gut, Kumpel. Wir gehen einfach nochmal zurück und holen deine Kappe.«

Das war's.

Kein peinlicher Vortrag, kein Augenrollen, kein entrüsteter Blick zu seiner Frau, kein Kopfschütteln, kein Seufzer, kein »Beeil dich und hol sie dir endlich. Wir sind schon spät dran!«

Die vier gehen zurück zum Strand, um Aidens Kappe zu holen. Jim ist sich nicht einmal sicher, was gerade passiert. Er weiß nur, dass es anders ist.

Madison entgeht nichts von all dem.

Auf dem Rückweg geht sie hinter den anderen her. Sie fragt sich, was sie gerade gesehen hat. War das echt? Oder nur ein Aufblitzen auf dem Radarschirm, das nur so lange anhält, bis Aiden sein Wasserglas beim Abendessen verschüttet?

»*Du bist nicht mehr der, der du mal warst.*«

IN DER EPISODE

Was wir glauben, was in dem ersten Moment des Vertrauens auf Jesus geschehen ist, wirkt sich auf alles Weitere aus. Dieser Anfang wird »Rechtfertigung« genannt. Ein hochgestochenes, aber ein gutes Wort – es bedeutet, richtig gemacht zu werden. Nicht nur die Fähigkeit, eines Tages richtiger zu werden. Sondern schon richtig gemacht worden zu sein! Nicht sündlos. Und nicht so gesund oder reif, wie wir eines sein Tages werden. Aber in einem vollkommen richtigen Zustand zu sein. Genau jetzt. Nicht durch unser eigenes Tun, sondern durch das, was Christus in uns getan hat, in jenem ersten Moment, in dem wir ihm vertrauten.

Einige glauben, dass sie sich durch aufrichtigen Fleiß in einen besseren Menschen verwandeln werden. Dass sie dadurch richtiger werden. Sie vertrauen darauf, sich durch zielstrebiges Bemühen ändern zu können.

Aber das Wesen dessen, wer wir jetzt sind, hat sich in dem Moment, in dem wir unseren Glauben in ihn setzten, völlig verändert. Wir haben die vollständige Vereinigung mit dem Gott des Universums vollzogen!

Was passiert, wenn man Limonade mit Eistee mischt? Du bekommst nicht einen Teil Eistee und einen Teil Limonade. Du bekommst einen Arnold Palmer, richtig? Du bekommst nicht Eistee im unteren und Limonade im oberen Teil. Du kriegst nicht halb Arnold und halb Palmer. Du erhältst ein Getränk, das auf molekularer Ebene neu zusammengefügt ist.

So ist es mit Jesus und uns. Nicht Jesus da oben oder dort drüben. Nicht Jesus, der manchmal in uns wohnt. Nicht ein Teil von Jesus. Sondern alles von Jesus – verbunden, vereinigt, verschmolzen mit uns allen! Eine völlig neue Kreatur.

Christus in uns. Unfähig zu bestimmen, wo der eine anfängt und der andere endet. Unfähig, die Teilbereiche Mensch und Gott auseinanderzusortieren. Völlig miteinander verzahnt. So unabänderlich hat Gott Wohnung in euch genommen!

Daher setzen wir unsere Zuversicht, reif zu werden, direkt in das Vertrauen auf unsere neue Identität in Jesus! Das bedeutet nicht, dass wir nicht versagen. Wie ein schlaksiges Kind in der Mittelstufe, das nicht weiß, was es mit einem Wachstumsschub anfangen soll, fühlen wir uns einige Zeit ungeschickt und seltsam in dieser neuen Realität. Wir werden versagen. Oft. Aber am Ende können wir darauf vertrauen, zu wem Gott uns gemacht hat. Und es wird tatsächlich irgendwann dafür sorgen, dass sich unser Verhalten auf wunderbare Weise verändert. Wir werden mehr lieben und weniger sündigen. Das verdient eine Wiederholung: Wir werden mehr lieben und weniger sündigen. Weil wir uns auf diese »Christus in uns«-Realität verlassen.

Das heißt, ich definiere mich nie mehr als »Verlierer« oder »Versager«. Ich kann mir nicht mehr die Erlaubnis zum Scheitern geben, mit der Begründung: »So läuft es ja jedes Mal. Ich vermassle es immer irgendwann.«

Aus eurer neuen Identität heraus zu leben kann verändern, was ihr lest und welchen Predigern ihr zuhört. Ihr werdet vielleicht scharfsichtiger und aufmerksamer, wodurch ihr erkennt, welche Methodik sie hervorheben und welches Motiv dahintersteckt. Möglicherweise fangt ihr auch an, bei euch selbst darauf zu achten, was ihr denkt und welche Worte ihr bei der Erziehung eurer Kinder wählt.

Ja, natürlich reifen wir in dieser Gerechtigkeit. Wir entdecken ständig mehr darüber, wie wir in dieser Gerechtigkeit leben können. Aber es ist alles in uns, genau jetzt! Alles.

Wisst ihr, was sich verändern würde, wenn jeder von uns das glauben würde? Ab-so-lut al-les! In vielen gläubigen Familien sind die Eltern überzeugt, dass wir alle nur gerettete Sünder sind (starke Betonung auf Sünder). Auch wenn das Verhalten gut erscheinen mag, so ist doch niemandes Herz wirklich vertrauenswürdig. Dieser »gerettete Sünder«-Theologie liegt folgende zynische und irrige Annahme zugrunde: Im Kern wollen unsere Kinder meistens böse sein.

Lange genug sich selbst überlassen, ohne ausreichend Kontrolle, Regeln und Scham, würden unsere Kinder ihre Sonntagsschule schwänzen, zu einem Kirmesbetreiber ins Auto steigen und zu einem verlassenen Lagerhaus fahren, um dort eine Zwei-Liter-Flasche billigen Fusel zu leeren. Gekauft mit einem gefälschten Ausweis.

Eine derart schiefe Theologie besagt, dass Jesus uns lediglich gerettet hat. Wir dürfen in den Himmel kommen, aber in uns hat sich eigentlich nichts verändert. Unsere Kinder werden sich nur durch ständige Vorträge, Kontrolle und die Ermahnung ändern, sich selbst niemals zu vertrauen. Natürlich beeinflusst dies unseren Erziehungsstil. Und es beeinflusst, wie unsere Kinder auf unsere Erziehung reagieren.

Einige von uns erziehen Kinder, die Jesus noch nicht kennen. Wir können sie jetzt in der Hoffnung großziehen, dass sie Gläubige werden. Jeder, der nach dem Bild Gottes geschaffen wurde, reagiert am besten, wenn er mit echter Liebe und Respekt behandelt wird. Das Bild Gottes in jedem Kind ruft nach diesen beiden Kennzeichen von Würde: Liebe und Respekt. Wenn Eltern ihre Kinder respektieren und Geschwister einander respektieren, ganz gleich, wie jung sie sind, nährt eine Familie die ersten Grundlagen von Vertrauen und Gesundheit.

Doch für diejenigen, die Kinder erziehen, die Jesus schon ihr Vertrauen geschenkt haben, gelten die folgenden Verse – unabhängig von ihrer Reife, zu jeder Zeit!

Ich bin mit Christus gekreuzigt worden. Nicht mehr ich lebe, sondern Christus lebt in mir. Was ich nun im Fleische lebe, lebe ich im Glauben an den Sohn Gottes, der mich geliebt und sich für mich hingegeben hat. — Galater 2,19b–20 EÜ

Zieht den neuen Menschen an, der nach dem Bild Gottes geschaffen ist in wahrer Gerechtigkeit und Heiligkeit!
— Epheser 4,24 EÜ

Es macht einen Riesenunterschied, ob ihr eure Kinder als gerettete Sünder oder als junge, heranreifende Heilige betrachtet! Sobald ihr davon völlig überzeugt seid, ist es euch möglich, etwas Neues in ihnen anzusprechen, um Verhaltensänderungen zu bewirken. Es versetzt euch dann in die Lage, ihnen zu vermitteln, wer sie wirklich sind.

Im Kern wollen deine gläubigen Kinder das Richtige tun!

Und sobald sie Gottes neuem Leben in ihnen als ihre Quelle vertrauen, werden sie unweigerlich und unabänderlich wachsen, um mehr zu lieben und weniger zu sündigen.

Lasst das eine Minute sacken. Oder zwei.

ZURÜCK ZU EPISODE 4: GESTERN IST VORBEI

Die Küstenstraße 17-Mile Drive von Carmel nach Monterey ist einer der malerischsten Abschnitte der Pazifikküste. Während die

Sonne allmählich hinter einer Wolkenbank versinkt, befinden sich die Clawsons gerade mitten auf dieser Strecke.

Niemand in diesem Auto weiß den Moment voll zu schätzen. Seit Morro Bay sind vier Stunden vergangen. Mit jeder Kurve der das Meer säumenden Straße fordert der Sonnenbrand seinen Tribut.

Als er ein Junge war, nahmen Jims Eltern die Familie jeden Sommer mit nach Monterey, um dort Urlaub zu machen. Hier gibt es unvergessliche Erinnerungen. Jim hat noch immer das Porträt, das von einem Strandkünstler auf Montereys Fisherman's Wharf – ein historischer Kai – im Sommer 1986 angefertigt wurde. Jim war acht. Die Familie wohnte direkt neben dem Kai. Seine Eltern erlaubten ihm und seinen beiden älteren Brüdern, diese zwei Blocks allein zu durchstreifen. Sie verbrachten ganze Morgen im Monterey Bay Aquarium und betrachteten fasziniert Fische, die von einem anderen Planeten zu kommen schienen. Jim führt seine gegenwärtige Angst vor Aalen auf jene Zeit zurück.

Dann gab es noch die *Cannery Row*. Steinbeck würde später sein Lieblingsautor und Cannery Row (dt. Titel: *Die Straße der Ölsardinen*) eines seiner Lieblingsbücher werden.

Als Jim und Sarah zum ersten Mal über diesen Urlaub nachdachten, wussten sie, dass sie hierherkommen würden. Und das Spindrift Inn wäre ihr Hotel. Die Clawsons sind nicht wohlhabend. Aber für diese beiden Nächte haben sie beschlossen, alle Register zu ziehen und es sich richtig gut gehen zu lassen. Das Spindrift ist direkt an der Stelle gebaut, an der Jims Familie früher im Urlaub wohnte. Es ist schöner als jedes andere Hotel, das sie je betreten haben. Mit seinen gesammelten Reisepunkten konnte Jim sogar zwei Suiten klarmachen! Wenn es Konflikte in der Familie gibt, sollte dieses Hotel sie für eine Weile beruhigen.

Aber kein noch so tolles Hotel kann einen schlimmen Sonnenbrand vergessen lassen. An diesem ersten Abend ziehen sich die

Clawsons allesamt früh in ihre Betten zurück. Sarah kauft eine Flasche Aloe-vera-Lotion im Geschenkeladen der Lobby. Die Begleiterscheinungen dieser ersten Nacht sind deutlich vernehmbares Gejammer und Klebenbleiben an den Hotel-Bettlaken.

Aber der nächste Tag ist einer, an dem die Realität tatsächlich die Erwartung übersteigt. Bei jedem von ihnen. Aiden darf an den Aufzügen herumspielen, ganz ohne Aufsicht. Madison lässt sich das Frühstück auf ihrem Balkon servieren und schickt Bilder an alle, die sie kennt. Jim und Sarah öffnen die Glasschiebetür zu ihrer Terrasse und lassen die Meeresbrise den Raum erfüllen. Sie tun nichts weiter, als in ihren Bademänteln dazusitzen, gemütlich die Zeitung zu lesen, an Kreuzworträtseln zu tüfteln und Kaffee aus einer Silberkanne zu trinken.

Am späten Morgen treffen sie sich alle in der Lobby, um zum Aquarium zu gehen.

Dort angekommen, kann Jim das riesige Aquarium voller leuchtend bunter Fische kaum in sich aufnehmen. Er freut sich auch sehr, dass seine Kinder sie fasziniert anschauen. Sarah liest alle virtuellen Tourtexte, die von den meisten Leuten ignoriert werden. Madison sitzt in der Nähe ihres Bruders und beide geben jedes Mal Ohs und Ahs von sich, wenn sich der Schwarm in neonleuchtendem Einklang fortbewegt.

Gegen sechs Uhr sind sie dabei, sich den Weg die Straße hinunter zum Kai zu bahnen. Nachdem sie Styroporbecher mit Muschelsuppe an den Eingängen mehrerer Restaurants probiert haben, gehen sie in die Alte Fischergrotte. Es ist eines der schönsten und ältesten Restaurants am Pier. Jims Familie hat hier immer gegessen, wenn sie nach Monterey kamen.

Während sie auf ihr Essen warten, sagt Sarah: »Also gut, Leute, nennt eure bisher beste Mahlzeit auf der Reise.«

Jim verkündet stolz, dass es das Sandwich gewesen sei, das er sich in Morro Bay gemacht hat. Jim mag seine Art, Sandwiches zu machen. Sarah mochte die Pizza in Newport Beach. Madison behauptet, dass die Windbeutel im Donut-Shop in der Nähe des Hauses ihrer Großeltern der Favorit aller sein sollten.

Aiden antwortet: »Hier.«

Madison verdreht die Augen. »Was? Wir haben doch noch gar nichts gegessen! Aiden, du bist so blöd!«

Und in dem Moment, in dem sie das sagt, bereut sie es auch schon.

Er ist verlegen und fühlt sich wie der dumme kleine Bruder. Schon wieder.

Da Aiden in den letzten Jahren stiller geworden ist, haben die anderen drei gewissermaßen unbewusst ohne ihn weitergemacht. Zuerst sprangen sie einfach für ihn ein und versuchten, ihn nicht in Verlegenheit zu bringen, weil er so still war. Sie alle fuhren ganz natürlich damit fort, Geschichten zu erzählen, sich laut zu streiten und ihre Meinungen zu äußern. Alle außer Aiden. Aber inzwischen ist es normal geworden. Für alle außer Aiden. Er fühlt sich nur zunehmend verlegen, dumm und klein.

Aiden bekommt ein Wort heraus: »Egal.«

Sarah berührt seinen Arm. »Aiden, deine Schwester war die Blöde. Also, warum ist das dein Lieblingsort?«

»Ich weiß nicht.«

»Es tut mir leid, Aiden. Mum hat recht. Ich bin die Blöde. Warum ist das dein Lieblingsort?«

»Keine Ahnung.«

»Komm schon, Aiden. Warum?«

Nach ein paar Sekunden sagt Aiden: »Weil wir alle glücklich sind.«

Jeder weiß, dass Aiden recht hat. Diese Familie war in letzter Zeit nicht sehr glücklich gewesen. Zumindest nicht zur selben Zeit. Schon lange nicht mehr.

Die Podcast-Frau sagte irgendwann, dass die entscheidendste Entwicklungszeit in Bezug auf Beziehungen im Leben eines Kindes das Alter von neun bis zehn Jahren sei.

Sarah denkt: *Das betrifft Aiden. Er ist mitten in der entscheidendsten Phase seines Lebens. Und er ist derjenige, mit dem man am wenigsten spricht und dem man am wenigsten zuhört.*

»Aiden«, sagt Sarah, als sie sich wieder ihrem Sohn zuwendet, »was lässt es in unserer Familie traurig sein?«

Jeder von ihnen möchte seine Antwort hören.

»Du und Dad, ihr habt nicht sehr viel Spaß.«

Jim kann nicht glauben, was er da hört. »Du hast recht. Zeig uns weiterhin, wie man Spaß hat, Aiden. Auch wenn es bedeutet, dass du und ich deine Schwester in den Wahnsinn treiben müssen.«

Das lässt alle außer Madison lächeln und befreit Aiden von der Unbeholfenheit.

»Okay, Dad. Ich werd's versuchen.«

Die Familie nimmt ihre Gespräche wieder auf. Bis auf Jim. Ihm geht eine Aussage vom ersten Tag des Podcasts durch den Kopf. Plötzlich ergibt sie Sinn für ihn.

»Bringt euren Kindern etwas bei, und sie werden etwas lernen. Seid Vorbild für eure Kinder, und sie werden etwas erleben.«

Jim platzt heraus: »Entschuldigt, Leute. Ich möchte gern etwas sagen.« Zuerst Aidens Verwundbarkeit. Und jetzt Jims Bitte um Erlaubnis, etwas zu sagen. Die Clawsons haben ihre gewohnten Bahnen weit hinter sich gelassen.

»Ich wollte dir nur sagen, Madison, dass es mir leidtut.«

Plötzlich ist ihr Tisch der stillste im Restaurant.

Solche Worte von Jim ist keiner von ihnen gewohnt. Schon gar nicht, wenn alle anwesend sind.

»Neulich Abend ging es nicht um dich. Es ging um mich. Ich bin mir nicht sicher, warum ich das getan habe, dich vor der ganzen Nachbarschaft anzubrüllen. Aber das habe ich und es tut mir sehr leid. Nein, warte. Das ist nicht ganz richtig. Ich weiß, warum ich es getan habe. Ich habe Angst.

Ich fürchte, dich zu verlieren. Ich habe Angst, dass ich dich an einen Jungen mit einem bizarren Haarschnitt verliere, dem ich nicht traue. Also werde ich zum harten Kerl, weil ich etwas haben muss, was ich kontrollieren kann. Weil ich das Gefühl habe, dass alles außer Kontrolle ist. Wie dem auch sei, ich denke, darum ging es bei dem, was ich da vor dem Haus veranstaltet habe. Ich habe dich damit beschämt. Und das tut mir sehr leid, Madison.

Wenn wir als Eltern unseren Kindern gegenüber ehrlich sind, was unsere Ängste und Gefühle angeht, werden sie lernen, zu sich selbst und auch uns gegenüber ehrlich zu sein.«

Er wartet einen Moment, bevor er fragt: »Ergibt das einen Sinn?« Und dann: »Glaubst du mir?«

Plötzlich scheinen im Restaurant nur noch sie beide zu sein und zwischen ihnen die Frage: »Glaubst du mir?«

Madison ist völlig aufgelöst. Plötzlich schlägt ihre selbstschützende Haltung in Schmerz um. Schmerz, weil sie zugeben muss, dass ihr Vater ihr wehgetan hat. Viele Male. Ihr kommen unwillkürlich die Tränen.

»Madison, sag etwas. Bitte.«

Madison ist jung, aber feinfühlig. Sie weiß genug, um zu verstehen, dass es entscheidend ist, wie sie antwortet. Ein erneutes Zugeständnis dieser Art könnte weitere vierzehn Jahre brauchen.

Sie wählt ihre Worte sorgfältig. »Dad, ich will es.«

»Ich bin mir nicht sicher, ob ich dir immer einen Grund gebe, mir zu glauben.« Jim wischt Salz vom Tisch, während es ihm noch zu unangenehm ist, seine Tochter direkt anzusehen. Dann schaut er sie richtig an. »Ich will, dass du weißt, dass ich es ernst meine. Ich bin einfach nur ein übernervöser Vater, der nicht weiß, wie er mit einer vierzehnjährigen Tocher umgehen soll. Ich schätze, ich versuche nur zu sagen ... Ich will dich einfach nicht verlieren.«

Tränen laufen ihr jetzt über das Gesicht. Sie schaut weg und nimmt plötzlich wieder die anderen Leute im Raum wahr.

Wie so viele Väter war Jim bisher davon überzeugt, dass es seinen Respekt und seine Autorität irreparabel schädigen würde, wenn er sein Versagen vor seiner Familie einräumen würde, ohne es mit Rechtfertigungen oder prahlerischem Gehabe zu bemänteln. In Wahrheit sind Familien sogar so gestrickt, dass sie einem Vater, der verletzlich ist und ehrlich über seine Fehler und Begrenzungen spricht, noch mehr vertrauen, ihn stärker respektieren und ihm eher folgen.

Plötzlich platzt der Kellner dazwischen und fragt, ob sie bereit seien, zu bestellen. Und so verfliegt der Moment.

Doch noch lange Zeit wird ihn keiner vergessen.

Nach dem Abendessen gehen die Clawsons über die Strandpromenade zurück zum Hotel. Jim und Aiden sind ein paar Meter voraus.

Sarah ruft: »Hey, Madison und ich werden noch ein Weilchen hierbleiben. Ich habe einen Zimmerschlüssel. Wir treffen uns dann gleich mit euch beiden.«

»Okay. Vielleicht gehen Aiden und ich eine Weile durch die Straßen. Ich versprach, dass wir in einigen Läden nachsehen würden, ob wir ihm ein T-Shirt mit Fischaufdruck besorgen können. Ich habe mein Handy an, wenn du irgendwas brauchst.«

Sarah und Madison kaufen eine kleine Tüte Meersalzpralinen, bevor sie sich auf eine Bank mit Blick auf das Wasser setzen. Die Pralinen liegen nun zwischen ihnen. Der Himmel färbt sich schon lila, als die beiden ihre Sandalen ausziehen und die Füße auf das Geländer legen. Ihr Blick wandert über die schaukelnden Boote. Sie lauschen dem Knarzen der Taue und dem sanften Plätschern des Wassers.

»Als du ein Mädchen warst, hast du deiner Mutter da Sachen erzählt?«

»Sachen?«

»Ja. Also, schwierige Sachen?«

Sarah spürt, wie ihr das Blut ins Gesicht schießt, während sie sich für das, was jetzt kommen könnte, zu wappnen versucht.

»Gute Frage. Welche Art von schwierigen Sachen?«

»Ich weiß nicht. Schwierige Sachen. Dinge, bei denen du vielleicht Angst hast, sie jemandem zu erzählen.«

»Nein. Ich glaube nicht, dass meine Mum und ich jemals diese Art von Beziehung hatten.«

»Das dachte ich auch nicht.«

Sarah bemüht sich um äußere Gelassenheit im Hinblick auf die »schwierigen Sachen«, die Madison vielleicht gleich enthüllen wird, weshalb sie ihre Sandalen rhythmisch zu einem Lied, das von einem Saxophonisten unten am Pier kommt, gegen die Bank klopft. Sarah fragt vorsichtig: »Haben wir diese Art von Beziehung?«

Beide blicken geradeaus, hinaus auf die Hafenlichter.

»Ich weiß nicht ...«

»Dann stell mich auf die Probe. Gibt es irgendwelche bestimmten schwierigen Sachen, an die du denkst?«

»Nein.«

Dann ändert Madison ihre Meinung.

»Doch. Es geht um Jeff. Mum, er ist ein guter Kerl.«

»Ja?«
»Er hat … er hat mich angefasst.«
»Was meinst du? Ich höre zu.«
An meinen Oberschenkeln und so. Es hat mir Angst gemacht. Ich sagte ihm, er solle aufhören. Das hat er dann auch für eine Weile, aber ein paar Tage, bevor wir losfuhren, hat er es wieder gemacht.«
Sarah entscheidet, dass es das Beste sei, Madison weiterreden zu lassen.
»Ich wollte es dir nicht sagen.«
»Warum nicht?«
Sarahs Herz pocht.
»Ich weiß nicht. Vielleicht hat es mir irgendwie gefallen.«
Sarah, die immer noch mit ihren Sandalen klopft, lächelt und sagt: »Bobby Gardiner.«
»Was?«
»Bobby Gardiner. Der süßeste Typ im Spanischkurs der Erstsemester. Der erste Junge, der mich nicht nur geküsst hat. Als er mich berührte, hat mir das auch Angst eingejagt. Aber meine Güte, er war so süß. Kein so gutaussehender Junge hatte sich jemals für mich interessiert.«
»Bobby Gardiner?«
»Bobby Gardiner.«
»Also, was hast du getan?«
»Ich wusste nicht, was ich tun sollte. Es war ausgeschlossen, dass ich es meinen Eltern erzählte. Sie hätten sofort bei einem Frauenkloster oder der Polizei angerufen. Und es war mir zu peinlich, es meinen Freundinnen zu sagen.«
»Mum, was hast du getan?«
»Ich kann mich noch gut erinnern. Da liegst du nachts in deinem Bett, völlig schockiert, aufgeregt und verlegen wegen dieser

neuen Gefühle. Und gleichzeitig weißt du nicht, ob dieser Junge, der dir diese Gefühle gibt, auch noch nächste Woche in deinem Leben sein wird. Du fühlst dich lebendig, erregt, glücklich und allein und schmutzig, alles im selben Moment.«
»Mum – was – hast – du – getan?«
»Bobby hatte eine Nachbarin. Tammy Blanchard. Seine und ihre Eltern begannen, die beiden gemeinsam im Wechsel zur Schule zu fahren. Bobby und Tammy waren jeden Morgen zusammen. Plötzlich war Tammy voll in, weil sie die coolen Klamotten ihrer großen Schwester trug und sich schminkte. Ich hatte keine Chance. Bobby gab mir eines Tages nach dem Unterricht einen Zettel, auf dem stand, dass er nur befreundet sein wolle. Das war der schlimmste Schmerz, den ich je empfunden hatte. Ich erinnere mich, dass ich dachte: ›Aber du hast es doch gesagt, du hast es gesagt!‹ Ich fühlte mich benutzt, dumm und hässlich.«

Sarah nimmt eine Praline aus der Tüte und isst sie auf, bevor sie weiterspricht. »Ich habe noch nie jemandem erzählt, was ich dir gerade erzählt habe. Niemandem. Du trägst solche Geschichten in dir und hoffst, dass sie irgendwann verschwinden. Aber wie die Frau im Podcast sagt –«

Madison führt ihren Satz zu Ende. »Ungelöste Konflikte werden lebendig begraben.«

»Ja.«
»Danke, Mum.«
»Wofür?«
»Dass du meinetwegen nicht ausflippst.«
»Oh, ich flippe aus. Ich will nur nicht, dass du es siehst.«
»Ich weiß. Ich schätze, ich sollte einfach … Danke sagen.«
»Gern geschehen, Madison.«
»Manchmal vergesse ich, dass du auch mal ein Mädchen warst.«

»Es ist Jahrzehnte her. Wir haben Sahne geschüttelt, um Butter herzustellen, und Zettelchen mit Holzkohle geschrieben.«

Sie lächeln beide und schauen immer noch auf die Lichter.

»Mum, was soll ich tun?«

»Na ja. Ich kann dir meinen ersten Impuls mitteilen.«

»Der da wäre?«

»Wir lassen Jeff verhaften und verfrachten dich in ein Frauenkloster. Zu streng?«

»Ja ...«

»Wir müssen etwas tun. Stimmt's? Aber im Moment bin ich mir nicht ganz sicher, was das sein soll. Jeff ist ein guter Junge. Nicht wahr?«

»Ich glaube schon, Mum. Er ist sicher kein Bobby Gardiner.«

Sarah hält einen Moment inne, bevor sie fragt: »Willst du es deinem Vater sagen?«

»Ich weiß nicht. Ich weiß, dass Dad mich liebt, aber es gibt keine Chance, dass wir das Gespräch führen können, dass wir beide gerade haben.

»Wem sagst du das. Er ist mein Mann. Bis heute habe ich ihm noch nie davon erzählt, wie ich auf einen parkenden Schulbus aufgefahren bin.«

»Du bist auf einen parkenden Schulbus aufgefahren?«

»Keiner war drin.«

»Ein parkender Schulbus?«

»Ich hab auf mein Handy geschaut. Ich weiß nur, dass ich im nächsten Moment einen Strafzettel bekam, weil ich einem Schulbus hinten reingefahren war. Das konnte ich deinem Vater echt nicht erzählen.«

»Ein parkender Schulbus? Du darfst mir solche Dinge nicht erzählen. Du bist ein schlechter Einfluss, Mum.«

Wieder lachen sie beide in die Abendluft.

Sarah fährt fort: »Aber, ich muss sagen, was dein Vater heute Abend getan hat, das war ein großer Moment für ihn.«
»Ich weiß.«
»Also dann. Lass uns später darüber weiterreden. Abgemacht?«
»Abgemacht.«
»Mal sehen, ob wir sie einholen können, bevor dein Vater Aiden T-Shirts kauft, die wir dann wieder zurückbringen müssen.«
»Danke, Mum.«
»Danke dir, Madison.«
Beide ziehen ihre Sandalen an und begeben sich den Pier hinunter in Richtung Stadt. Bald halten sie sich an den Händen und schlendern zum Klang des Saxophons, der den Nachthimmel erfüllt, die Straße entlang.

Dies ist einer dieser Dialoge, bei denen ein Elternteil aus Angst heraus reagieren kann. Und das Potenzial einer lebenslangen Öffnung wird in die Nacht entschwinden, einfach so. Wenn das Kind jedoch davon überzeugt werden kann, dass der Elternteil mit den Gegebenheiten umgehen kann, wird in einem solchen Moment Vertrauen aufgebaut und in die Beziehung nachhaltig investiert.

Eine Millisekunde lang blickte Sarah auf beide Pfade. Eigentlich kam nur einer davon ernsthaft infrage. Lange vor Madisons Wagnis hatte Sarah die Entscheidung bereits getroffen. Es war eine Überzeugung, die von Gott schon vor Beginn der Welt für sie vorbereitet und gebildet worden war.

In der Zwischenzeit, vier Blocks weiter, haben Aiden und sein Vater ihre liebe Mühe. Sie gehen durch die Geschäfte entlang der Scott Street und suchen nach dem perfekten Fisch-Shirt. Bislang haben sie nichts gefunden. Beide fühlen sich ein wenig orientierungslos beim Schaufensterbummel entlang der überteuerten Boutiquen.

Jim denkt: *Wie schwer kann es denn sein, ein Fisch-Shirt zu finden? Sarah hätte das perfekte Shirt längst gefunden.* Sie fühlen sich beide überfordert. Bald darauf geben sie sich geschlagen und schlurfen zurück zum Hotel. Keiner von ihnen konnte über viel reden, außer über T-Shirts.

Dies ist einer jener Abende, an denen Wetter und Ort perfekt für ein tolles Vater-Sohn-Gespräch zu sein scheinen. Jim versucht, eines vom Zaun zu brechen.

»Macht dir die Reise Spaß?«

»Ich schätze schon.«

Weitere fünfzig Meter des Weges vergehen unter ihren Füßen.

»Gibt es irgendwas in deinem Leben, worüber du reden möchtest?«

»Was zum Beispiel?«

»Ich weiß nicht. Lebenskram.«

»Kram?«

»Ja, so Lebenskram halt.«

»Nein.«

»Okay. Aber wenn du irgendwann auf dieser Reise über etwas reden willst, bin ich da.«

»Okay.«

»Bist du sicher, dass es nichts gibt, worüber du reden willst?«

»Nein. Gibt nichts. Wie weit noch bis zum Hotel?«

»Nur noch den Block hoch. Wir sind fast da.«

»Darf ich alleine zum Pool gehen?«

»Nun, ich denke, ich kann an der Rezeption nachfragen.«

Jim erkennt in diesem Moment, dass fast jede Kommunikation zwischen ihm und Aiden heutzutage oberflächlich ist. Als Aiden noch jünger war, sah es anders aus. Wenn Jim eine Besorgung machen musste, rief er immer: »Wer will mit mir mitkommen?« Aiden schrie dann zurück: »Dad, lass mich mitkommen!« Die beiden sprachen über alles und nichts während der ganzen Fahrt zum Laden und wieder zurück.

Und jetzt, in einem Alter, in dem Aiden ihn wahrscheinlich am meisten braucht, hat Jim keine Ahnung, wie er an ihn rankommen kann. Die letzten hundert Meter bis zum Hotel fühlt sich die Stille für Jim qualvoll an.

Jim hat sich noch nie mehr wie sein eigener Vater gefühlt als heute Abend.

EPISODE FÜNF
DER GESCHMACK VON DISZIPLIN

Am nächsten Morgen sind die Clawsons unten am Strand vor dem Spindrift. Dies ist Aidens letzte Gelegenheit, so zu tun, als wären sie eine wohlhabende Familie aus Monaco, die auf ihrer privaten Yacht um die Welt reist.

Nach einem späten Check-out sind sie jetzt, um 13 Uhr, alle wieder im Auto – geduscht, mit gepackten Sachen – und fahren die Küste hinauf. Sie sind heute Abend mit Jims Vater im zwei Stunden entfernten Sausalito, etwas nördlich der Golden Gate Bridge in San Francisco, zum Essen verabredet.

Sie verbringen die erste Stunde damit, die Landschaft zu betrachten und darüber nachzudenken, was ihnen an Monterey am besten gefiel.

Irgendwann stellt Sarah den nächsten Podcast-Teil an. Und wieder lassen die Autolautsprecher diese inzwischen vertraute Stimme durch das Auto tönen.

Madison sagt: »Ruhe, bitte. Die Erziehungsfrau ist auf Sendung!«

»*In dieser Einheit werden wir über Disziplin sprechen.*«

»Hey, ich dachte, es geht um die Eltern, nicht um uns. Weißt du noch?«

»Hör die Erziehungsfrau zu Ende an«, ruft Sarah.

»Ja, Ruhe bitte, die Erziehungsfrau spricht«, fügt Jim hinzu und lächelt in den Rückspiegel.

Liebe ohne Korrektur ist Nachgiebigkeit. Korrektur ohne Liebe ist Strafe. Liebe mit Korrektur ist Disziplin. Disziplinierung ist immer zum Nutzen des Disziplinierten, nicht zur Bequemlichkeit des Disziplinierenden.

»Okay, ich höre zu«, unterbricht Madison. »Fahre fort, Erziehungsfrau.«

Bevor wir aber das Thema Disziplin anschneiden, wollen wir über Geschmack reden.

Es gibt einen gewaltigen Unterschied zwischen der Disziplinierung eines Kindes aufgrund schädlicher Entscheidungen und der Unterstützung eines Kindes in der Entwicklung seiner gottgegebenen einzigartigen Neigungen.

Eure Kinder werden einzigartige, individuelle Geschmäcke haben, die ihrer spezifischen Veranlagung entsprechen – musikalische Vorlieben, Kleidungsstile, Lieblingsessen, Sportteams, Schriftarten, Raumdekorationen.

Und obwohl ein Kind sein ganzes Leben lang neue Vorlieben entwickelt, die mit der Zeit reifer werden, sind diese überwiegend weder richtig noch falsch, weder gut noch böse. Daher dürfen Kinder nicht verspottet oder abgewertet werden, auch wenn ihre Vorlieben ungewöhnlich oder gar unpopulär sind. Wenn der persönliche Geschmack eines Kindes die Eltern öffentlich beschämt, woraufhin diese ihr Kind herab-

setzen, geht es oft mehr um die Unreife der Eltern als um die des Kindes.

Die Erziehung dazu, was richtig und was falsch ist, ist nicht dasselbe wie Geschmackserziehung. Betrug oder Diebstahl oder sexuelle Unmoral ist keine Frage des Geschmacks. Wir haben die Verantwortung und das Privileg, aufzuzeigen, was Gott für richtig oder falsch hält, und dürfen bei der Anwendung dieser Grundsätze helfen. Aber die Vorlieben eines Kindes in bestimmte Bahnen zu lenken, ist etwas ganz anders. Wir dürfen niemals das hemmen, was einfach nur ein Ausdruck von persönlichem Geschmack ist, nur weil es nicht mit unserer eigenen Vorliebe übereinstimmt.

Manche der einzigartigen Begabungen, Talente, Geschmäcke und besonderen Veranlagungen unserer Kinder kommen durch Bestätigung ans Licht. Bestätigung bedeutet, dass wir unserer Wahrnehmung eine Stimme verleihen, wenn wir gottgemäße, gute Eigenschaften und Fähigkeiten in einer Person zum Ausdruck kommen sehen. Einer der Gründe, warum wir lernen, unsere Kinder zu bestätigen, liegt darin, dass wir ihnen helfen wollen, ein adäquates Bild davon zu entwickeln, wer sie sind, was sie tun können und was nicht.

Kinder, die wenig Bestätigung erfahren, haben oft Schwierigkeiten bis ins Erwachsenenalter hinein, während sie versuchen herauszufinden, wer sie sind. Wenn die fehlende Bestätigung nicht durch einen fürsorglichen Lehrer, einen Trainer oder einen Nachbarn ausgeglichen wird, kann das dazu führen, dass sie mit Eigenschaften prahlen, die sie gern hätten, oder sich wegen befürchteter Eigenschaften unsicher fühlen. Sie haben eine falsche Vorstellung davon, wer sie sind. Doch es ist nie zu spät, eine Kultur zu schaffen, in der ihnen diese Aufmerksamkeit regelmäßig geschenkt wird.

Wir lernen zu unterscheiden zwischen Herzensrebellion, die durch Disziplinierung wieder in eine gesunde Bahn gelenkt wird, und Herzenskreativität, die sich im Geschmack ausdrückt und die genährt, geführt und befreit werden soll. Unsere Kinder sind so veranlagt, dass sie unser bewusstes Engagement in beiden Bereichen zutiefst wertschätzen. Sie werden Disziplinierung letztendlich zu schätzen wissen, wenn sie nicht launisch ist oder bestrafend sein soll. Und sie werden es euch nie vergessen, wenn ihr in Geschmacksfragen zu ihnen gestanden habt. Niemals.

Sarah schaltet den Podcast einige Minuten vor Ende der Einheit aus, als sie in die geschlossene Wohnanlage hineinfahren, in der Ray Clawson lebt.

Jim stößt einen tiefen, hörbaren Seufzer aus. Der Besuch bei seinem Vater lässt die Zeit bei Sarahs Eltern wie eine kostenfreie Weinverkostung auf dem Oberdeck eines Kreuzfahrtschiffes erscheinen, das gemächlich in Richtung Cayman-Inseln steuert.

Jim war zwölf, als Ray sich von seiner Mutter scheiden ließ. Bis heute ist Ray verärgert, dass sein Sohn nicht »einfach darüber hinwegkommen« kann. Als Mann, der seine eigene Ehe sabotierte, ist sein Vater mit seiner endlosen Litanei darüber, wie eine gute Ehe aussehen sollte, ein ewiges Rätsel für Jim. Er vermutet, dass dies einer der Gründe ist, weshalb in den letzten Jahrzehnten niemand Mrs. Ray Clawson werden wollte.

Ray hat sich durch sein bemerkenswertes Geschick beim Handel mit Edelmetallen auf Auslandsmärkten, einen luxuriösen Lebensstil geschaffen. Sein Haus in Sausalito bietet einen Blick auf die Bucht von San Francisco. Wenn sich der Dunst auflöst, kann er von seinem Schlafzimmerbalkon aus die Insel Alcatraz und bis nach Berkeley sehen. Ray ist der Inbegriff des Sprichwortes »Liebe ist für Geld nicht zu haben«. Er ist einschüchternd, charismatisch, grob und reichlich anspruchsvoll. Er hat den Charme eines Wladimir Putins. Die meisten Menschen zucken bei Rays bombastischen, geschmacklosen und polarisierenden Aussagen zusammen. Aber wenn man ihnen die Chance gäbe, würden sie wahrscheinlich ihre Ersparnisse in das investieren, was er empfiehlt.

Die Kinder waren schon einmal hier, und es hat ihnen nicht gefallen. Nicht ein bisschen. Ray betrachtet Kinder in seinem Zuhause wie einen Obdachlosen mit ansteckendem Husten. Jeder Quadratmeter seines Hauses ist mit der zerbrechlichen und teuren Ausbeute des offensichtlichen Konsumstrebens gefüllt. Kinder in Rays Haus in den Griff zu bekommen ist wie der Versuch, nasse Welpen im Louvre in den Griff zu kriegen.

Rays Haushälterin hat den Tisch gedeckt, als käme das Königshaus zu Besuch. Als die Clawsons den säuberlich gepflegten Garten betreten, kommandiert Ray gerade Steaks und Mais auf den Grill. Er ist absolut in seinem Element.

Aiden steckt in seiner typisch bunt zusammengewürfelten Kleidung. Was auch immer gerade modern ist, Aiden hat einen Weg gefunden, um quasi das Gegenteil auszudrücken. Der Familie fällt es manchmal gar nicht mehr auf. Heute Abend hat er etwas an, was auch ein Blinder aus einem Altkleidercontainer herausgefischt haben könnte. Er trägt etwas, das wie ein Schiedsrichtertrikot aussieht, mit Ärmeln, die weit über seine Hände gehen, dazu rostfarbene Hosen, die offensichtlich aus einem verkohlten Ballen Filz genäht wurden. Das ist keine Rebellionserklärung. Für ihn ergibt es einfach Sinn.

Für Ray ergibt es keinen Sinn. Konformität ergibt Sinn für Ray. Aufeinander abgestimmte Kleidungsstücke ergeben Sinn für Ray. Alles andere ist weichlich, faul oder der Einfluss »jener linken Intellektuellen drüben in Berkeley. Nixon hätte sie aufhalten sollen, als er die Chance dazu hatte.«

Es platzt erst nach dem Abendessen aus ihm heraus, aber schließlich kann Ray sich nicht mehr zurückhalten.

Aiden geht an eine Stelle des Gartens, wo er den Sonnenuntergang über den noch stehenden Gebäude des Alcatraz-Gefängnisses beobachten kann.

Ray sitzt mit Jim zusammen, beide halten ein Glas Scotch in der Hand. Jim hasst Scotch. Ray weiß, dass Jim Scotch hasst. Ray argumentiert, dass echte Männer Scotch tränken. Und es sei nie zu spät für seinen Sohn, männlicher zu werden.

Ray fixiert Aiden, dann starrt er zurück zu Jim. Er sagt, laut genug, damit Aiden und alle in der Familie es hören können: »Warum zieht er sich so an?«

Jim antwortet: »Was?«

»Der Junge. Er sieht aus wie 'ne verdammte Tunte.«

Ray zeigt auf Madison.

»Sieh da. Seine Schwester weiß, wie man sich anzieht. Ich sage dir, andere Kinder werden sich über ihn lustig machen. Ich kapier's nicht. Warum sagt ihr beiden ihm nicht, wie bescheuert er aussieht?«

Alle Clawsons sind starr vor Schreck.

»Bleibt noch ein paar Stunden morgen früh und lasst mich mit ihm Sachen kaufen gehen. Der Junge sieht eigentlich gar nicht so schlecht aus. Er braucht nur einen anständigen Haarschnitt und vernünftige Kleidung.«

Jim schaut schnell zu Aiden hinüber. Aiden dreht sich lange genug um, um den Blick seines Vaters zu treffen. Es ist klar, dass er die Worte seines Großvaters gehört hat.

Man könnte an null Fingern abzählen, wie oft Jim sich seinem Vater schon widersetzt hat.

Fragmente der Worte, die Jim vorhin gehört hat, brechen über ihn herein:

»*Vorlieben sind überwiegend weder richtig noch falsch, weder gut noch böse. Daher dürfen sie niemals verspottet oder abgewertet werden. ... Wir dürfen niemals das hemmen, was einfach ein Ausdruck von persönlichem Geschmack ist, nur weil es nicht mit unserer eigenen Vorliebe übereinstimmt.*«

Jim stellt das Scotchglas ab. Er wischt sich den Mund mit der Stoffserviette ab, die neben seiner Hand liegt.

Er steht auf, schaut seinem Vater direkt in die Augen und sagt: »Dad, danke für das Essen. Wir sind alle müde. Gute Nacht.«

Jim nickt Aiden und den anderen zu, damit sie ihm folgen, und wendet sich dann zum Gehen. Ray versucht, etwas zu sagen, aber Jim dreht sich um und unterbricht ihn. »Und ich mag immer noch keinen Scotch. Ich hasse Scotch.«

In weniger als einer Minute wird das Haus seines Vaters von den Rückleuchten ihres Subaru beschienen.

Alle sind für die nächsten Minuten still. Dann schaut Jim in den Rückspiegel und sagt: »Aiden.«

Aiden blickt auf das Gesicht seines Vaters im Spiegel, das nur durch die Amaturenbeleuchtung etwas erhellt wird.

»Aiden, du bist einer der coolsten Jungs überhaupt. Du bist freundlich und sensibel. Du siehst, was nur wenige von uns anderen sehen.«

Er lässt das bei ihm ankommen, bevor er seine nächsten Worte sagt.

»Dein Großvater hat Unrecht. Er liegt völlig falsch. Du ziehst dich so an, wie du willst. Wenn Kinder sich über dich lustig machen, liegt das daran, dass sie nicht die Kreativität oder Einzigartigkeit haben, irgendetwas anders zu machen als die Masse. Wir jedenfalls stehen hinter dir.«

Er lässt ihm Zeit, auch diese Worte in sich aufzunehmen.

»Eines Tages wirst du einen Freundeskreis finden, der das Leben so sieht wie du. Und du wirst wahrscheinlich eine Modelinie besitzen, die dich reich macht und deiner Mutter und mir erlaubt, an einem Strand in Florida zu leben.«

Er blickt wieder in den Spiegel zu Aiden, der seine Augen nicht von denen seines Vaters abwendet. »Aiden, ich bin so stolz, dass du mein Sohn bist.«

Im Auto ist es wieder still. Keiner spricht mehr ein Wort, nicht einmal die Erziehungsfrau.

Madison strahlt die ganze sechzehn Kilometer lange Fahrt zurück zum Hotel. Sarah streckt ihre Hand zu Jim aus und legt sie auf seinen Arm.

Es ist vielleicht nicht einfach, den genauen Moment zu erkennen, in dem eine Familie sich zu finden beginnt. Aber dieser hier würde auf der Liste stehen.

IN DER EPISODE

Wir haben gerade gesehen, wie ein Elternteil sein Kind wunderbar durch die Herausforderungen bei der Entwicklung persönlicher Vorlieben hindurch beschützt hat. Es werden zu viele Schlachten über etwas geführt, das als Angelegenheit von richtig oder falsch erscheint, während es eigentlich nur um Geschmacksfragen geht.

Aber was ist, wenn es bei Verhaltensproblemen nicht um Geschmack geht, sondern um vorsätzlich falsch getroffene Entscheidungen?

Disziplinierung ist eine wunderbare, befreiende Gabe Gottes, wenn sie sich von Zweckdienlichkeit, Gewinnenwollen oder Bestrafung abhebt.

Nichts, was wir unseren Kindern gegenüber tun, sollte sich jemals um irgendeine Form der Bestrafung handeln. Der Zweck von Disziplinierung – und das ist entscheidend – besteht darin, Kinder wieder in die lebensspendenden Rahmenbedingungen dessen, wer sie sind, zurückzubringen. Die Fähigkeit von Kindern, Leistungen zu erbringen, verblasst also im Vergleich zur Entwicklung ihrer Person.

Okay, hier ist die Mutter aller Erziehungsverse, der leider seit Jahren von den Kanzeln aus hart kritisiert wird. Wenn ihr nicht den Vers selbst gehört habt, habt ihr eine Variation seines Themas gehört. »Gewöhne einen Knaben an seinen Weg, so lässt er auch nicht davon, wenn er alt wird« (Sprüche 22,6 LUT).

Die Formulierung »an seinen Weg« beinhaltet die Vorstellung einer Erziehung, die der jeweils einzigartigen Persönlichkeit und Veranlagung eines Kindes entspricht. Nicht unserer jeweiligen Persönlichkeit oder dem, was die religiöse Kultur für »den richtigen Weg« hält. Gott hat jeden von uns wunderbar und vollkommen einzigartig erschaffen. Unsere Verantwortung und unser Vorrecht als Eltern bestehen darin, mit der Einmaligkeit unserer Kinder in Kontakt zu treten, damit wir sie leiten und in einzigartiger Weise auf Gottes Weg führen können. Wenn wir uns die Zeit nehmen, mit der Einzigartigkeit unserer Kinder in Kontakt zu treten und sie zu begleiten, werden sie, wenn sie älter sind, der Verheißung nach nicht von dem ablassen, woran wir sie gewöhnt haben. Sie werden Gottes Herz verstehen, weil ihnen sein Wille unter Berücksichtigung ihrer einzigartigen Persönlichkeit und Lernweise vermittelt wurde. Sie werden sich immer mehr mit dem verbinden können, wer sie in Gottes Plan wirklich sind. Sie müssen nicht gegen Gott oder uns rebellieren, weil sie sich nicht in eine willkürliche Form gezwungen fühlen, die nicht passt.

Gott kennt die einzigartige Veranlagung eines jeden Kindes. Er schuf es ja, und zwar anders als alle anderen auf diesem Planeten. Um zu entdecken, was sie ausmacht, müssen wir eine enge Beziehung zu unseren Kindern pflegen, eng genug, um gemeinsam herauszufinden, was unsere Kinder in destruktive Muster einfängt und sie darin kleinhält. Und eng genug, um zu lernen, was den vollen Ausdruck ihrer einzigartigen Veranlagung befreit und befördert.

Disziplinierung wird als Korrektiv eingesetzt, um Kinder wieder zu ihrem einzigartigen, gesündesten Ausdruck zu verhelfen. Sie hilft ihnen, wieder auf Kurs zu kommen.

Disziplinierung kann viele Formen annehmen. Doch sie ist immer eine Kurskorrektur, die Kindern hilft, umzudenken und Gott und anderen Menschen wieder zu vertrauen, während sie neue und laufende Lebensaufgaben meistern.

Wenn unsere Kinder heranwachsen, ist es sogar so, dass die beste Disziplinierung nicht immer wie Disziplinierung aussieht. Zum Beispiel könnte sie darin bestehen, eine lange Autofahrt anzusetzen, um ihnen Zeit zu verschaffen, ihre Entscheidung zu überdenken und Klarheit zu schaffen, ohne die Schmach, vor einem Publikum bloßgestellt zu werden.

Manchmal sieht Disziplinierung so aus, dass wir unseren Kindern von unseren eigenen ähnlichen Problemen erzählen.

Viele von uns haben Angst, dass wir unseren Kindern die Erlaubnis zur Sünde erteilen, wenn wir ihnen die Misserfolge und falschen Entscheidungen aus unserer Jugend erzählen. In Wirklichkeit segnen wir sie auf kraftvolle Weise und bewahren sie davor, für die Sünde anfällig zu werden. Vor allem, wenn wir die Folgen unserer Entscheidungen zum Ausdruck bringen können.

Unsere Kinder werden anfällig bleiben, wenn wir so tun, als hätten wir nicht mit dem gekämpft, womit sie kämpfen.

Welch wertvolle Werkzeuge geben wir unseren Kindern, wenn wir ihnen nicht nur von dem Misserfolg erzählen, sondern auch sagen, wer geholfen hat, uns wieder nach Hause zu bringen! Wer liebte uns genug, um das zu tun? Wer stand uns bei? Wer steht uns jetzt bei? Unsere Kinder müssen alles hören. Sie müssen wissen, dass wir sie und ihre wahren Kämpfe kennen. Sie müssen wissen, dass wir uns in sie hineinversetzen können und bereits Folgen erlitten haben, die sie nicht ertragen müssen.

Manchmal sieht Disziplinierung so aus, dass wir unseren Kindern erlauben, dabei zu helfen, die angemessene Konsequenz für ihre falschen Entscheidungen zu beschließen.

Manchmal bedeutet Disziplinierung, ein Privileg einzuschränken oder eine Möglichkeit vorzuenthalten, weil sie sich entscheiden, sich nicht von uns beschützen zu lassen. Sie brauchen eine Konsequenz, die deutlich und einschränkend genug ist, um ihnen die Chance zu geben, durchzuatmen und zu ihrem gottgegebenen Design zurückzukehren.

Manchmal, besonders wenn Kinder jünger sind, kann Disziplinierung Auszeiten beinhalten. Auszeiten sind wertvoll, wenn es eine klare Erklärung dafür gibt, was damit erreicht werden soll. Andernfalls wirkt die Auszeit nur so, als hätten die Eltern die Kontrolle verloren. Es gibt gefährliche Aktivitäten in den Köpfen von Kindern, wenn sie wissen, dass sie von einem Elternteil unfair behandelt werden. Sie mögen sich euch fügen. Aber im Inneren, wo ihr es vielleicht nie seht, könnten sie lernen, euch beziehungsweise dem Gott, der euch anscheinend eine so willkürliche Methode an die Hand gegeben hat, nicht zu vertrauen.

Manchmal kann sich Disziplinierung wie Bestrafung für euer Kind anfühlen, da ihr gezwungen seid, es von einem Umfeld oder einer Gruppe von Freunden fernzuhalten, die es in Gefahr bringen. Auf ihren Kummer darüber einzugehen und ihnen zu helfen, euer Motiv zu verstehen, während eure Kinder wiederentdecken, wie Gesundheit aussehen kann, ist eine der wichtigsten Zeiten für einen Elternteil und ein Kind, um zueinander zu finden.

Doch egal, wie feinfühlig Disziplin ausgeübt wird, es wird immer Zeiten geben, in denen sie trotzdem als Bestrafung empfunden wird. Deshalb bekommen Eltern mehr graue Haare als Nicht-Eltern.

Hebräer 12 sagt uns, dass Liebe die Motivation für jede Disziplinierung sein muss. Das bedeutet, dass ich selten ohne Begründung nein sagen werde. »Weil ich es gesagt habe« ist nicht Disziplinierung, sondern oft die Antwort eines faulen Elternteils, der einfach gewinnen und kontrollieren will, aber auf lange Sicht das Herz des Kindes verlieren kann, das er gern beeinflussen möchte.

Disziplinierung ist keine Erziehungsmethode, die man anwendet, wenn man wütend ist oder die Kontrolle verloren hat. Deshalb haben wir an früherer Stelle im Buch so viel Zeit dafür aufgewendet, die Notwendigkeit zu erörtern, dass Eltern sich ihren Lebensproblemen und Verletzungen stellen, sie lösen, heilen lassen und durch sie reifen müssen.

Objektivität steht im Mittelpunkt einer gesunden Erziehung. Sie wird durch die Lösung von Lebensproblemen gewonnen. Objektivität ist die Fähigkeit, ohne Trübung durch eine Überreaktion auf ein Problem zu reagieren und einer anderen Person Richtungsweisung zu geben. Bevor wir auf irgendein Disziplinproblem mit unseren Kindern eingehen, müssen wir zuerst fragen: »Gott, habe ich dir das übergeben, um meine Reaktion in Klarheit umzugestalten und mich zur Objektivität zu bringen«? Dann müssen wir die Integrität haben, darauf zu warten, dass es geschieht. Das ist sehr schwierig und erfordert oft viel Zeit. Und manchmal sind wir gezwungen, eine Entscheidung zu treffen, noch bevor wir richtig darauf vorbereitet sind. Aber nur sehr wenige Dinge können unseren

Kindern mehr schaden als eine subjektive Überreaktion in ihrem verletzlichen Moment der Not. Objektivität ist eines der schönsten Geschenke, die wir unseren Kindern anbieten können.

Hier sind zwei Szenarien, die wir uns anschauen: (a) wenn unser Kind verletzt wird, und (b) wenn unser Kind jemanden verletzt. Das Heilmittel für den Fall, dass unser Kind verletzt wird, ist echte Vergebung.

Es gibt eine Art falscher Vergebung, die wir unserem Kind vielleicht abzuringen versuchen, weil sie vorübergehend den Anschein vermitteln kann, die Situation sei geklärt. Aber das erzeugt nur Groll und lässt es nie zu, dass der Verletze heil wird. Die Formel klingt so: »Nun, Bobby, weil wir Christen sind, müssen wir dem Jungen vergeben, der dich geschlagen hat. Also, lass uns das tun. Sag Cameron, dass du ihm vergibst. Siehst du, fühlen wir uns nicht gleich besser?«

Nein, Bobby fühlt sich nicht besser. Er fühlt sich von seinen Eltern verraten und manipuliert. Er mag in der Lage sein, die Sache für den Moment hinter sich zu lassen, aber er behält Groll zurück und hat keine Möglichkeit, sich davon zu befreien. Bobby ist dabei, einen Kurs gehegter Bitterkeit einzuschlagen wegen einer Tat, für die er keine Wiedergutmachung bekommen kann. Der Heilung wurde der Zutritt verweigert. Es macht ihn absolut verrückt und lässt bald ihn zum Problem werden, weil er zweimal zum Opfer wurde. Bobby wird in den Selbstschutz gezwungen, der in Form von Lästerei, Eifersucht oder unverwandten Wutausbrüchen auftreten kann. Eine solche erzieherische Manipulation klingt nach einer perfekten religiösen Methodik. Doch sie verwirrt und reizt unsere Kinder nur, bis sie schließlich diesem Gott misstrauen, der eine so ungerechte Formel erschaffen würde.

Was Bobby und jeder von uns brauchen, wenn wir verletzt werden, ist ein Weg, wie wir nicht mehr dafür verantwortlich sein müssen, für uns selbst Gerechtigkeit zu schaffen. Wir sind einfach nicht dafür gemacht. Nur Gott kann unser Verteidiger sein. Das Mittel, wenn das eigene Kind ein anderes verletzt, ist echte Buße. Wie im vorstehenden Fall gibt es auch hier eine Art unechte Entschuldigung/Buße, zu der wir oft drängen. Aber noch einmal, sie ist falsch, also erreicht sie nichts Wahres. Die Formel klingt so: »Also, Bobby, du hast etwas Falsches getan. Du musst Buße tun. Versprich Gott und uns, dass du das nicht noch einmal tun wirst. Okay? Lass uns Buße tun. Siehst du, Bobby, fühlen wir uns nicht gleich besser?«

Nein, Bobby fühlt sich nicht besser. Er fühlt sich verraten und manipuliert. Er fühlt sich mithilfe von Schuldgefühlen in eine wirkungslose religiöse Formel getrieben, die ihn dazu zwingt, Gott anzulügen. Sie kann ihn letzten Endes für die Stimme und das Werben Gottes taub machen. Der schlimmste Fall wäre, dass Bobby zu einem jähzornigen Kerl heranwächst.

Was Bobby und jeder von uns brauchen, wenn wir einen anderen verletzen, ist ein Weg, wie wir nicht länger gezwungen sind, uns aufzuraffen und ein Versprechen zu geben, das lediglich vom Fleisch anstelle von Christus in uns angeregt wird.

Nur wenige Erfahrungen als Elternteil sind befriedigender, als wenn euer Kind euch vertraut, es durch echte Vergebung und echte Buße zu leiten. Ihr werdet Generationenmuster verändern und Kinder in zukünftigen Generationen befreien, solche, denen ihr in diesem Leben vielleicht nie begegnet. Aus demselben Grund sind auch nur wenige Erfahrungen als Elternteil herzzerreißender. Wenn ihr mit eurem Kind durch echte Vergebung und echte Buße geht, wird das alle eure Reserven als Mutter oder Vater in Anspruch nehmen. Aber denkt daran, wir müssen das nicht allein machen. Wir sind nicht allein. Wir haben Christus in uns.

Vor uns liegt noch viel mehr, was wir über echte Vergebung und Buße zu sagen haben.

ZURÜCK ZU EPISODE 5: DER GESCHMACK VON DISZIPLIN

Heute ist der Wendepunkt des Urlaubs erreicht. Morgen werden die Clawsons ihre Heimreise antreten. Aber heute sind sie in San Francisco! Sie besuchen den Ghirardelli Square. Sie essen im Hafenviertel, dem Fisherman's Wharf zu Mittag. Dann fahren sie mit den Cable-Cars, den Kabelstraßenbahnen, die Lombard Street hinunter. Und ja, sie erweisen dem alten Fillmore West die Ehre. Jims Mutter würde ihnen nicht verzeihen, wenn sie es nicht täten. Als Teenager, an einem magischen Sommerabend 1970, sah sie Jimi Hendrix, Cream und The Paul Butterfield Blues Band zusammen bei einem Konzert im Fillmore!

Als sich die Nachmittagssonne hinter die Wolkenkratzer zurückzieht, parken die Clawsons ihr Auto in der Nähe des Baseballstadions, wo die San Francisco Giants spielen. Sie laufen die weite Strecke durch den Battery Park und durch Chinatown bis ganz nach Little Italy. Dort versuchen sie, das Lokal Firenze by Night aufzuspüren, von dem es heißt, es habe die besten Parmesanhähnchen der Gegend. Für ein gutes Parmesanhähnchen würde Jim sein letztes Hemd geben. Die spätnachmittägliche Sonne malt die Gebäudespitzen im Embarcadero District orange und gelb, während sie den Hügel hinaufsteigen, der zum Restaurant führt.

Das Firenze ist das, was man von einem einheimischen, familiengeführten Restaurant im Herzen von Little Italy erwarten würde. Ein Mann mit weißem Hemd namens Gaspare, der alle zu kennen scheint, behandelt die Clawsons, als wären sie abendliche Stammgäste. Gaspare gießt an jedem Tisch Wein in Gläser, ob die Gäste es nun unbedingt wollen oder nicht. Er beugt sich zu den Clawsons und wirft einen Blick über seine Schulter, als ob er ein Geheimnis verraten wollte. Er flüstert: »Wir haben diesen Wein für einen besonderen Anlass aufbewahrt. Heute Abend, meine Freunde, öffnen wir ihn für euch.« Es ist eine entzückende Lüge, die er an fast jedem Tisch wiederholt.

»Mum«, ruft Madison über den Lärm hinweg. »Dürfen Aiden und ich vor die Tür gehen, bis das Essen kommt? Wir wollen uns einige der Läden ansehen.«

»Bleibt in der Nähe des Restaurants. Seid in zehn Minuten wieder da.«

»Jap.«

Madison und Aiden gehen durch den Eingang zurück auf die Straße. Plötzlich liegt unbändiges Leben in der Luft. Gastwirte verschmelzen mit kleinen Einzelhändlern und gut gekleideten Geschäftsleuten. Ein alter asiatischer Mann zieht eine Handkarre mit Obst und Gemüse in die eine Richtung, während zwei Männer ohne Hemd ein Sofa über dem Kopf in die andere tragen. Niemand in der Menge, die sich den Bürgersteig teilt, scheint es überhaupt zu bemerken. Die Menschheit verschmilzt und bewegt sich einfach. Es ist laut, chaotisch, voll heiteren Lebens und ein wenig beängstigend.

Madison und Aiden haben so etwas noch nie gesehen.

Sie bleiben etwa einen halben Block vom Restaurant entfernt stehen, vor einem Geschäft mit Haushaltsgeräten. Sie finden ein bisschen Platz unter der Markise des Ladens, eine Armlänge von der Menge entfernt, die wie ein Fluss vorbeiströmt. Die Lichter der Schaufensterfronten gehen gerade erst an.

Madison und Aiden blicken geradeaus auf die Straße mit ihrer lauten und elektrisierenden Atmosphäre. Die beiden fühlen sich sehr unabhängig, als gehörten sie zu dieser Stadtszene wie selbstverständlich dazu.

»Das sieht man in Scottsdale nicht«, sagt Madison, den Straßenlärm übertönend.

»Nee«, antwortet Aiden. »Hör mal, ich will dir nur sagen, dass du, obwohl du mein Bruder bist, ziemlich cool bist. Ich finde schon, dass du echt seltsame Klamotten trägst. Aber Coley Brady meint, dass du gut aussiehst.«

»Coley Brady?«

»Ja. Sie sagte: ›Dein Bruder weiß, wie man man selbst ist. Das gefällt mir.‹«

»Das hat sie gesagt? Coley Brady hat das gesagt?«

»Ja. Coley. Brady.«

Sie lässt die Worte langsam ausklingen.

»Ich finde übrigens auch, dass du weißt, wie man man selbst ist. Das gefällt mir.«

Aiden wendet seinen Blick von der Straße ab und schaut zu seiner Schwester hinüber. Sie hält ihren Blick fest auf einen Mann auf der anderen Straßenseite geheftet, der mit Trommelstöcken auf Plastikeimer schlägt.

Wenige Augenblicke später treten sie den Rückweg zum Restaurant an.

Wenn die Gnade Gottes in eine Familie hineinströmt, werden alle Arten von Güte sichtbar. Nicht nur die Beziehung zwischen den Personen der Trinität ist von Gnade bestimmt, sondern auch die Beziehung, die Gott mit uns haben möchte, soll es sein. Und er sehnt sich danach, dass auch unsere Beziehungen untereinander davon gekennzeichnet sind. Dank dem Kreuz können wir angstfrei miteinander umgehen. Wir müssen uns nicht vergleichen, gegenseitig verurteilen, verborgene Ressentiments hegen oder einander mit Erfolgen beeindrucken. Wir werden geliebt, geschätzt und unendlich wertgeachtet.

Eines der Anzeichen dafür, dass die Gnade allmählich in die DNA einer Familie eindringt, ist das, wovon wir gerade Zeugen wurden. Die Clawson-Kinder sind zunehmend in der Lage, sich gegenseitig zu würdigen und zu bestätigen. Sie werden immer noch streiten und sich gegenseitig auf die Nerven gehen. Sie werden sich immer noch auf dem Rücksitz über den Geruch der Schuhe des anderen beschweren. Aber sie lernen, sich gegenseitig zu beschützen und sicherzustellen, dass der andere weiß, dass er genügt, um es zu schaffen.

Ein weiteres Geschenk der Gnade ist, dass weniger nach dem Drehbuch der elterlichen Rolle und Autorität gehandelt wird. Einige Eltern haben Angst, gegenüber ihren Kindern sie selbst zu sein; sie fürchten, dass sie nicht respektiert würden oder ihnen nicht gehorcht würde. Sie glauben daher, dass jede Geschichte eine Moral, jedes Ereignis eine Lektion beinhalten muss. Und jede Emotion muss eine Kappe haben, einen Hygieneverschluss. Am Ende kennen die Kinder nur eine idealisierte Karikatur ihrer Eltern.

Heute Abend haben Jim und Sarah weniger Filter. Sarah erzählt Geschichten über das erste Mal, als Jim sie zu einem Date ausgeführt hat. Jim singt zu laut auf ihrem langen Weg zurück zum Auto. Irgendwann an diesem Freitagabend wird die Menge auf dem Bürgersteig so dicht und laut, dass Madison sich bei ihrem Vater unterhakt. Es überrascht ihn. Instinktiv steht er mit erhobenem Kopf aufrechter da, während sie an der Kreuzung warten. Er hat schon lange nicht mehr so empfunden.

Dann, ohne Vorwarnung, so tuend, als sei er eine Berühmheit, ruft Jim der Menge an der Kreuzung eine scherzhafte Rüge zu: »Bitte, Leute. Ich habe es euch schon mal gesagt! Keine Fotos, wenn ich mit meiner Familie unterwegs bin. Bitte respektiert das.« Er hat die Nummer schon öfter abgezogen. Zu oft. Aber diesmal ist es Madison kaum peinlich. Sie bleibt weiter an seinem Arm, als die Ampel auf Grün schaltet und die Menge weitergeht.

Sarah, die von hinten zusieht, lächelt, und auch sie hält ihren Kopf jetzt höher.

EPISODE SECHS

DER KERN DER SACHE

Jims Mutter Allison lebt in Groveland, etwas mehr als zwei Stunden von San Francisco entfernt.
Groveland hat weniger als siebenhundert Einwohner. Allison gefällt es so. Obwohl sie Jim und seine beiden Brüder vor der Scheidung mit Ray in Sausalito aufzog, passte sie nie in diese Kultur. Sie war schon immer ein kleiner Hippie. Sie lebt heute in einem kleinen, aber gemütlich vielfältig eingerichteten Haus hinter Dori's Tea Cottage. Das Lokal liegt in bester Lage neben mehreren anderen Geschäften an der Main Street, nur wenige Kilometer vom Eingang zum Yosemite-Nationalpark entfernt.

Jim war gerade zwölf geworden, als Ray Allison verließ.

Ray hatte eine Affäre. Eigentlich hatte Ray eine Reihe von Affären. Erst bei der letzten wurde er jedoch erwischt.

Allison brachte Jim und seine beiden Brüder kurz darauf nach Sacramento. Erst vor zwei Jahren, nachdem alle Jungen ihre Familien anderswo gegründet hatten, verkaufte Allison endlich das Haus und zog hierher.

Es heißt, dass zu einer Scheidung immer zwei gehören. Manchmal sind aber nur der Egoismus, die Verletzung und die Unreife einer Person nötig. Das wirkt sich dann ungebremst auf alle beide aus – und auf alles andere, was sie auf der Welt haben: ihre Kinder, Freunde, Eltern, Nachbarn und die erweiterte Gemeinschaft.

Besagte Scheidung war eine von dieser Sorte.

Allison ist eine großartige Mutter. Sie war eine ausgezeichnete Ehefrau. Sie verdiente es nicht, dass ihre Ehe auf diese Weise zu Ende ging, indem sie versehentlich eine Reihe von schamlosen Nachrichten von jemandem namens Carla auf einem Anrufbeantworter entdeckte.

Jim liebt seine Mutter sehr. Er hat sich so sehr auf dieses Wiedersehen gefreut.

Sarah liebt Allison auch und ist gern mit ihr zusammen. Sie vertraut sich ihr mehr an als ihrer eigenen Mutter.

Und was Madison und Aiden betrifft, so ist dieser Besuch vielleicht der meist erwartete Halt auf der ganzen Reise.

Die Clawsons kommen gegen zehn Uhr morgens in Groveland an. Allisons Zuhause wirkt wie eine Kulisse aus einer Szene von *Der Hobbit*. Üppig grüne Hänge umgeben ihr altes, aber robustes Steinhaus. Das Dach ist mit Zedernholzschindeln gedeckt. Das Innere ist wie ein rustikaler Antiquitätenladen eingerichtet, in dem nichts zum Verkauf steht. Überall sind Schwarzweißbilder. Mehrere von Treibholz eingerahmte Ölgemälde zeigen besuchte Meeresbuchten. Kerzen und Räucherstäbchen scheinen ununterbrochen zu brennen. Bildteppiche bedecken Wände. Die Böden sind aus poliertem Zedernholz und knarren wunderbar. Überall satte, leuchtende Farben, getaucht in warmes Licht. Alles ist eklektisch-künstlerisch, aber geschmackvoll-ungezwungen eingerichtet. Man könnte die Nacht in bzw. auf jedem der ledergepolsterten Sessel und Sofas in diesem kleinen, aber äußerst komfortablen Zuhause durchschlafen.

Aiden formt mit den Lippen ein »Wow«, bevor er das Wort tatsächlich herausbringt. »Dieses Haus ist der Wahnsinn, Grandma!« Allison hätte immer so dekoriert. Aber wenn man mit einem Kontrollfreak verheiratet ist, setzen sich meistens die Geschmäcke und Vorlieben des anderen durch. Und wenn jemand kein Kämpfer ist, wird die Kreativität samt dem besonderen Ausdruck der Person allmählich stillgelegt. Allison war keine Kämpferin. Folglich verbrachte sie jene Jahre damit, den Kindern, unter seinem Geschmacksdiktat, ihre Werte zu vermitteln.

Allison war in jenen Jahren eine sehr kompetente und gefragte Radiomanagerin in der Bay-Region. Doch sie entschied sich, das komplett auf Eis zu legen, bis alle Kinder aus dem Haus waren.

Heute macht sie drei Tage die Woche den Marsch den Hügel hinunter nach Stockton, um einem noch jungen Radiosender zu helfen. Dort senden sie vor allem Musik aus den 60er und 70er Jahren und durchsetzen die Sets mit Interviews, in denen sie das gegenwärtige Leben der Künstler einfangen. Es ist alles sehr ungeschliffen, unbearbeitet und wird dennoch viel gehört. NPR (ein nicht-kommerzielles Hörfunknetzwerk) führt mehrere ihrer Segmente.

Sie antwortet Aiden: »Dir gefällt dieses alte Häuschen? Ohh! Das macht deine Grandma sehr glücklich. In dir steckt vielleicht ein kleiner Hippie, Junge!«

Alle lachen. Es ist ein gefahrloses und wissendes Lachen.

Jim und seine Mutter haben viele Male über die Scheidung gesprochen. Doch er stellt mit zunehmendem Alter immer mehr Fragen. Besonders diesmal, nachdem er bei Ray war.

Er fragt sich oft, wie seine Mutter, die so tief verletzt und der so viel Unrecht getan wurde, so vital und gesund sein kann, während

Ray, der immer noch der Gewinner zu sein scheint, von so viel verdrehter, arroganter Hässlichkeit erfüllt ist.

An diesem Abend bedient sich jeder von Servierplatten mit verschiedenen Aufschnitten, Käsesorten, Brot und Hummus, die Allisons riesigen Terrassentisch bedecken, dazwischen eine breite Auswahl an buntem Gemüse und Obst aus ihrem eigenen Garten.

Aiden und Madison zünden auf Allisons Bitte hin Dutzende Kerzen an und der Rauch von etlichen Zimt-Räucherstäbchen wabert im Hintergrund. Die Terrasse ist genauso gemütlich wie das Wohnzimmer.

Der nierenförmige Tisch ist nach Westen ausgerichtet. In über 900 Metern Höhe vermittelt ihre Terrasse die Illusion, dass sie auf die Sonne hinunterblicken, die hinter dem riesigen Tal, das sich bis zum Pazifik erstreckt, gerade untergeht.

Nachdem sie lange genug still dasaß, um diesen Moment in sich aufzunehmen, steht Allison auf, um nach der Flasche Rotwein zu greifen, die einige Meter weiter auf dem Tisch steht. Dann richtet sie ihren langen, fließenden Bauernrock und setzt sich anmutig wieder hin.

»Also, zuerst möchte ich einfach sagen, wie gut es sich anfühlt, euch alle an diesem Tisch zu haben. Ich habe viele Abende hier draußen gesessen und mir vorgestellt, wie sich das wohl anfühlen würde. Und es ist besser, als ich mir vorstellen konnte. Aiden, du und ich haben viel zu bereden. Du hast ein Künstlerauge, Kumpel! Madison, ich bin so neugierig, woran du interessiert bist. Deine Mutter hat gefragt, ob du und ich zusammen etwas Zeit über Skype verbringen könnten. Ich denke, das wäre echt cool.«

»Ich finde auch, dass das cool wäre, Grandma.« Madison lächelt vom Ende des Tisches aus. »Ich war diejenige, die Mum gefragt hat, ob wir das machen können.«

»Nun denn, Leute, lasst es euch gutgehen. Es gibt Decken, wenn es zu kalt wird. Alles, was ihr wollt – wenn es nicht hier draußen ist –, liegt entweder auf der Küchentheke oder im Kühlschrank. Ihr braucht wegen nichts zu fragen. Das ist euer Zuhause.«

Helles Rot-Orange füllt den ganzen Himmel hinter Allison aus. Alle beteiligen sich. Sogar Aiden. Vielleicht ganz besonders Aiden. Spontanes Lachen, Fragen, entspannte Antworten. Geschichten. Jeder bekommt seine Chance, gehört zu werden.

Jim hat viel über heute Abend nachgedacht. Nächsten Donnerstag ist der dreiundsechzigste Geburtstag seiner Mutter. Er und Sarah und die Kinder haben ein Album mit Fotos und Erinnerungsstücken aus seiner Kindheit vorbereitet, zusammen mit Bildern von Allison mit Madison und Aiden, als sie klein waren. Sie wird es lieben.

Er möchte ihr auch im Beisein seiner Kinder danken. Jim hat so vieles, was er sagen will. Jeder Tag auf dieser Reise hat seine Wertschätzung dafür, was für eine unglaubliche Mutter sie in all den Jahren gewesen ist, immer weiter gesteigert.

»Also, Mum, wir haben gerade Dad besucht.«

Aiden spricht für die ganze Familie: »Warum hast du ihn jemals geheiratet? Der Typ ist ein Idiot.«

Allison lacht – dieses unbekümmerte Lachen, das allen signalisiert, dass es keine Geheimnisse oder Fettnäpfchen zu fürchten gibt.

»Ja, das kann er sein, mein Lieber. Ja, allerdings.«

Nachdem das Geschirr vom Tisch geräumt ist, kommen Sarah und Madison mit einer Geburtstagstorte voller brennender Kerzen aus der Küche.

»Sorry, Grandma«, sagt Madison. »Es gab keine 63 Kerzen im Laden. Du musst heute Abend 24 sein. So viele Kerzen sind in einer Packung. Und es gab nur diese eine.«

»Gut, heute Abend fühle ich mich wie vierundzwanzig. Danke euch allen. Bitte singt nicht. Ich hasse es, wenn Leute dieses Lied singen. Habe ich schon immer. Und ich bin alt genug, meinen Willen durchzusetzen.«

Sie bläst unter Applaus die Kerzen aus.

Die Gläser werden wieder gefüllt, die Torte wird angeschnitten und die Stücke werden verteilt.

Dann ist Jims Moment gekommen.

»Ähem.« Er seufzt, als ob er vielleicht nicht in der Lage wäre, fortzufahren.

»Mum, ich habe dir das zwar schon mal gesagt. Aber bei dieser Gelegenheit möchte ich dich noch einmal daran erinnern, damit meine Frau und Kinder es auch hören. Also, los geht's. Du hast versucht, mir von Jesus zu erzählen. Aber ich wollte nichts mit ihm zu tun haben. Ich war so wütend. Auf alles. Mir fehlte unser riesiges Haus. Ich vermisste meine Freunde. Ich vermisste die Tochter des Nachbarn, Sheri Phillips. Ich vermisste alles. Ich habe dir Vorwürfe dafür gemacht, dass du uns nach Sacramento brachtest.«

Sarah unterbricht. »Sollte das nicht eine Geburtstags-Dankesrede werden?«

»Dazu komme ich noch.«

Er steht auf. Er zieht einen Zettel heraus und beginnt zu lesen.

»Aber du hörtest nicht auf, uns zu lieben. Und das war genau das, was wir brauchten. Du tatest, was zwei Elternteile tun würden, allein. Du hieltest unsere Familie zusammen. Du zeigtest mir immer wieder Jesus, obwohl ich nichts mit ihm zu tun haben wollte. Du überzeugtest mich immer wieder davon, dass alles gut ausgehen würde, wenn ich nicht aufgäbe. Du wurdest nicht müde, für mich zu beten. Du warst so streng mit mir, so lieb zu mir. Du brachtest mir bei, was richtig und was falsch ist, und warum. Du ließest mich nicht mit der selbsterteilten Erlaubnis, Falsches zu tun, davonkommen. Ich werde nie vergessen, wie ein paar von uns Kindern Mr. Wilkins Ziege mitnahmen, um ihm einen Streich zu spielen. Du hast uns gezwungen, sie zurückzubringen und seine Scheune aufzuräumen. An Teilen von vier Wochenenden! Aber in jener ersten Nacht, bevor wir die Ziege zurückbrachten, hast du uns gezwungen, mit ihr im Garten zu schlafen. Wer macht so was?! Aber wenn du so etwas machtest, setztest du dich immer zu mir und erklärtest, *warum* du getan hast, was du getan hast.

Du erzähltest mir von den absurdesten Dingen, die du als Teenager anstelltest, und du hast es nicht gekünstelt oder religiös klingen lassen. Und du erzähltest mir, was daran Spaß machte. Dann sagtest du mir, warum du es bereutest, wen du verletztest und wer dir half, es wiedergutzumachen. Du gabst mir allmählich ein Mitspracherecht, wie ich erzogen werden sollte. Du hast mich die Optionen verstehen lassen, wenn ich wollte, dass du mir einfach eine Regel gibst oder eine klare Ansage machst. Du brachtest mir bei, zu gehorchen, wenn ich rebellieren wollte. Du warst immer neugierig, stelltest ständig Fragen und versuchtest, einen Zugang zu finden. Du stelltest großartige Fragen. Die Fragen nahmen kein Ende. Fragen, die mich zwangen, gute Fragen an mein Leben zu richten.

Als ich älter wurde, brauchte ich dich immer noch, um mir zu sagen, wer ich bin, worin ich gut bin, worin ich nicht so gut bin. Du hörtest meinem Schmerz und meiner Wut zu, egal, wie grob und arrogant sie sich auch äußerten. Du hast immer wieder mein Recht bekräftigt, wütend zu sein. Du halfst mir, zu weinen. Du halfst mir, es Gott zu bringen, auch wenn ich damals eigentlich nicht mit ihm sprechen wollte. Ich habe es dir nie gesagt, aber ich liebte die Augenblicke, in denen du das tatest. Auch du teiltest deine Wut und deinen Schmerz. Du hast mich sehen lassen, wie du weinst. Du hast mich sehen lassen, wie du unvernünftig bist. Du hast dich von uns umarmen lassen, wenn du mehr als nur verzweifelt warst.

Du erfandest verrückte Spiele, die wir am Esstisch spielen konnten. Du verkleidetest dich an Feiertagen in albernen Kostümen. Und du sorgtest dafür, dass wir es sahen, wenn du dich für Dates oder Abende mit Freunden in Schale geworfen hast, um uns zu zeigen, dass du deine Würde und Schönheit nicht verloren hattest. Du brachtest uns immer wieder nach Monterey, damit wir merkten, dass wir noch eine Familie sind. Du überzeugtest uns, dass wir keine Versagerfamilie sind. Dass Gott eine Zukunft für uns hatte, auch in unserer Gebrochenheit.

Fortwährend überzeugtest du uns davon, dass du immer noch ein tolles Leben hattest. Du brachtest meinen Brüdern bei, mich in ihre Unternehmungen mit einzubeziehen und mit mir über Dinge zu reden, über die du nicht mit mir reden konntest. Um mich nicht ohne Vaterfiguren aufwachsen zu lassen, sorgtest du für männliche Bezugspersonen in meinem Leben, die mich regelmäßig auf Spaziergänge, Ausflüge und zu Ballspielen mitnahmen. Denn du wusstest, dass ich einen Vater brauche.

Ich wollte, dass du an mich glaubst. Und das hast du auch. Du nahmst fast immer Anteil an meinen Angelegenheiten. Aber du wusstest auch, wann du mich in Ruhe lassen musstest.

Irgendwie schafftest du es zu fast jedem Spiel. Und noch wichtiger, du ließest mich sehen, wenn du einfach nicht mehr konntest. Du hast es nicht vor mir verborgen.

Du hast mir eröffnet, dass du es hasstest, allein und ohne Ehemann zu sein.

Erst im College öffnete ich mich für Jesus. Ich war einfach so verletzt.

Ich stelle jetzt fest, dass ich nicht gewusst habe, wie ich meinen Kindern diesen Glauben zeigen kann, so wie du ihn mir zeigtest. Ich merke, wie wenig ich davon verstanden habe, Jesus mit meinem eigenen Leben zu vertrauen. Die letzten zehn Tage haben mir das gezeigt.

Herzlichen Glückwunsch zum Geburtstag, Mum! Ich brauche dich immer noch. Wir brauchen dich immer noch. Alles Liebe, Jim.«

Er geht hinüber zu Allisons Platz. Sie steht auf und sie umarmen sich für einen langen Moment.

Dann tritt sie weit genug zurück, dass sie ihre Hände auf seine Schultern legen kann, und sagt: »Danke, Jim. Ich hätte unmöglich um ein besseres Geburtstagsgeschenk bitten können. Und ja, es wäre mir eine große Ehre, gemeinsam mit euch allen zu lernen, wie man dieses Leben in Christus lebt. Für den Rest meiner Tage.«

Aiden beginnt zu klatschen und die anderen schließen sich an.

Dann begeben sich Jim und Aiden zur Feuerstelle in der Nähe des Tisches und zünden ein Feuer an. Jim stellt die Stühle um und verteilt Decken. Allison bringt ein Tablett mit heißer Schokolade heraus. Bald wechseln die Gesprächsthemen von Kuchenglasuren über die Frage, warum wir noch immer Sterne sehen können, die es gar nicht mehr gibt, über Bands, die im Fillmore spielten, bis hin zu der Frage, warum Park-Ranger diese steifkrempigen Hüte mit den Quasten tragen.

Irgendwann stellt Jim die Frage, die jeder im Kopf hat: »Mum, wie in aller Welt hast du jemals gelernt, Dad zu vergeben?«

Für einen unangenehm langen Moment schaut sie Jim mit gerunzelter Stirn an. Dann plötzlich studiert sie gelassen die Gesichter um das Feuer herum.

»Ich hasste deinen Vater. Für das, was er mir antat. Für das, was es dir und deinen Brüdern antun würde. Über viele Monate konnte ich spüren, dass mich die Bitterkeit lähmte. Er schaffte es, mich zweimal zu verletzen. Erstens, indem er mich und unsere Ehe verletzte. Und dann, indem er weitermachte, als wäre nichts passiert, während ich zunehmend in diese tiefe, tiefe Dunkelheit versank. Ähm, seid ihr alle sicher, dass ihr dafür bereit seid?«

Jeder hofft, dass sein jeweiliger Gesichtsausdruck ihr das Zutrauen gibt, fortzufahren.

»Also, du warst zwölf, Jim. Ich weiß nicht genau, woran du dich erinnerst.«

Jim antwortet: »Ich erinnere mich, dass Dad viel herumgeschrien hat. Er wurde erwischt und gab dir die Schuld. Er sagte so was wie: Wenn du attraktiver gewesen wärst oder mehr vom Geschäftsleben verstündest oder das Haus ordentlicher halten würdest oder was auch immer, hätte er keine Affäre haben müssen. Mir war klar, dass er komplett falsch lag. Ich wusste nur nicht, was ich sagen sollte. Normalerweise verließ ich einfach das Haus. Es tut mir so leid.«

»Jim, es muss dir niemals leidtun. Du warst zwölf. Denk darüber nach – zwölf. Ich denke, das ist einer der schrecklichen Kollateralschäden, wenn ein Elternteil eine solche Sünde begeht. Das Kind denkt ständig, sein ganzes Leben lang, dass es mehr hätte tun können, hätte tun sollen. Du warst ein wunderbarer Sohn. Nichts davon war deine Schuld. Hast du mich verstanden?«

Sie streckt die Hand zu ihm aus und legt sie auf seinen Arm.

»Jedenfalls ist diesem Hippie dann Jesus passiert.«

»Was meinst du damit, Grandma?«, fragt Aiden.

Sie lehnt sich zurück und lacht. »Jesus und Helen Cacoris. Okay, mal sehen, wo fangen wir an. Als wir nach Sacramento zogen, fühlte ich mich so allein in meiner Scham und Selbstabschottung. Aber da gab es eine liebe ältere Dame von gegenüber, die anfing, sich selbst einzuladen. Sie wirkte anfangs sehr seltsam und übertrieben freundlich. Sie würde einfach mit Kaffeekanne und Keksteller auftauchen. Zuerst graute es mir, wenn ich das Klopfen an der Tür hörte. Ich wollte einfach nur die Vorhänge schließen und in Ruhe gelassen werden. Oft habe ich nicht aufgemacht. Doch sie kam immer wieder vorbei. Wenn ich sie dann reinließ, hörte sie überwiegend einfach nur zu. Ihr wart alle in der Schule und ich war arbeitslos. Ich wusste nicht mehr weiter. Ich war völlig konfus und mit meinem Latein am Ende. Allein, dass sie mir zuhörte, bedeutete mir alles.

Helen Cacoris. Freundlich, behutsam und geduldig wartete sie ab, bis ich so weit war. Als sie mir schließlich von Jesus erzählte, war ich bereit. Sie hatte bewiesen, dass sie da war, um mich zu lieben, nicht, um mir etwas anzudrehen. Ich fühlte mich zu Jesus hingezogen wie eine Motte zum Licht. Liebe, wie ich sie noch nie erlebt hatte. Hoffnung. Leben größer als mein Verlust. Er ist die Liebe, die sich die Sänger zu meiner Zeit vorzustellen versuchten. Damals sangen sie nicht nur über Beziehungen. Sie schrieben über die Suche nach Gott. Richie Havens. Ich kann mich erinnern, dass er so sehr versuchte, es in seinen Texten zum Ausdruck zu bringen. Weißt du, er wurde später Christ.«

Sie wendet ihren Blick einen Moment ab. Dann sammelt sie sich wieder und sagt: »Tut mir leid. Ich bin etwas abgeschweift. Ich habe in meiner Jugend ein paar Drogen geschmissen ...«

Jeder lächelt, fängt sich aber schnell wieder, weil er keinen Moment in der Geschichte verpassen will.

»Nachdem ich anfing, an Jesus zu glauben, fühlte ich mich so viel besser. So, als würde ich es schaffen. Aber ich war immer noch verbittert.

Eines Tages sagte Helen: ›Weißt du, Allison, du musst Ray vergeben.‹ Sie hätte genauso gut sagen können: ›Allison, ich finde, du solltest einen Kühlschrankmagneten aus Gipssplittern zusammenknüpfen.‹ Es war ausgeschlossen, dass ich ihm vergeben konnte. Ich hasste ihn für das, was er uns angetan hat.

Ich erinnere mich noch genau an jenen Tag. Helen entschuldigte sich. Ich war überwältigt von dem Gefühl zu ersticken, wenn ich nicht nach draußen ginge. Kurz darauf stehe ich im Hinterhof und keuche diese Worte: ›Ich bin so müde, Jesus. Helen hat Recht. Ich bin verbittert. Ich bin wütend und voller Rachegelüste. Gott, ich liebe dich. Aber ich habe solche Angst, dir zu geben, was ich in mir trage. Es fühlt sich an, als würde ich mich verlieren, wenn ich meine Rechte darauf aufgäbe. Als ob ich meine Chance aufgeben würde, bestätigt zu werden, Recht zu bekommen und mich als liebenswert zu erweisen. Ich habe Angst, dass du dich vielleicht nicht zeigst. Und was soll ich dann tun? Aber ich bin fertig. Ich ergebe mich, Jesus. Ich vergebe Ray. Mögest du der alleinige Richter über alles sein, was Ray getan hat. Alles.‹

Es war wahrscheinlich nicht annähernd so wortgewandt. Ich glaube, ich habe es im Laufe der Jahre ausgeschmückt.

Dann legte ich mich in den Garten und weinte und weinte und weinte. Es war wahrscheinlich Stunden später, als dein Bruder Andy nach Hause kam und mich ausgestreckt auf der Erde vorfand. Er kam angerannt, kniete neben mir und fragte: ›Mum, was ist los? Geht es dir gut?‹

Ich setzte mich auf dem Gras langsam auf und nahm seine Hand. Ich sagte ihm: ›Andy, ich denke, es wird alles gut mit uns. Ich denke, es wird alles gut werden.‹

Allison legt ihre Hände in den Schoß. Ihr Mund steht offen, als hätte sie noch mehr zu sagen. Aber was sie gesagt hat, ist genug.

IN DER EPISODE

So viele unserer Vergebungsversuche lassen uns frustriert, verärgert, verwundet, zynisch zurück. Im Grunde genommen sind wir immer noch in unserer Unversöhnlichkeit gefangen. Das liegt vor allem daran, dass wir ein unvollständiges Verständnis von Vergebung haben. Zunächst einmal mag uns überraschen, dass Vergebung eine bestimmte Reihenfolge hat. Wir haben bereits gesehen, dass wir zuerst eine vertikale, sich an Gott richtende Handlung ausführen, bevor wir uns in eine horizontale Vergebung mit einem anderen begeben können. Bei diesem vertikalen Vorgang wird meinem Übeltäter vor Gott vergeben, zu meinem Nutzen. Es geht dabei nicht darum, jemandes Tun zu entschuldigen.

Mit anderen Worten, wenn ich verletzt werde, kann es sich anfühlen, als bewege sich Gott nicht schnell genug, um mir Gerechtigkeit zu verschaffen. Der Täter geht, ohne zu zögern, weiter, während ich im Regen stehen gelassen werde. Tief in meinem Schmerz als Stehengelassener kann meine verzerrte Wahrnehmung mich zu dem Schluss kommen lassen, dass Gott entweder nicht in der Lage oder nicht bereit war, mich ausreichend zu beschützen. Da ich nicht mehr daran glaube, dass Gott mich, in seinem eigenen Timing, perfekt beschützte, verteidigte, für mich eintrat und meinen Fall übernehmen wollte, beschließe ich möglicherweise, mich selbst zu verteidigen. Ab dem Moment bohren sich die Haken, die lähmenden Folgen, wenn man Jesus nicht in Bezug auf sich selbst vertraut, tief in mein ganzes Wesen. Weil ich, als verletztes Opfer, an den Auswirkungen der mir zugefügten Sünden festhalte, bin ich nun doppelt verletzt. Das heißt, ich werde zum Problem.

Von diesem Moment an verliere ich allmählich meine Objektivität, Perspektive und Freude.

Ich fange an, die Dinge selbst in die Hand zu nehmen und meine eigene Strategie zu entwickeln. Vom Vertrauen in Gottes Fähigkeit, mich zu verteidigen, bewege ich mich hin zu der Vorstellung, dass ich mich zum alleinigen Richter erheben kann und muss. Jesus ist für jede Sünde gestorben, weil ich nicht in der Lage bin, mit irgendeiner Sünde umzugehen, ohne sehr krank zu werden. Gott sagt, dass er die Demütigen beschützt, aber er muss auf seinen Händen sitzenbleiben, bis mein stolzes, sich selbst schützendes Ich müde genug wird, um ihn das Zepter führen zu lassen. Bis das passiert, halte ich an jedem Unrecht fest und trage es mit mir herum. Schließlich werde ich davon erdrückt und ich werde bitter, egozentrisch und voller Anklage.

Also wartet Gott, bis ich müde oder krank werde oder seine Freundschaft genug vermisse. So sehr er auch hereinstürmen will, um mich zu beschützen, ist dies doch ein Bereich, in dem er darauf warten muss, dass ich ihm alles anvertraue. Er wartet auf mein Vertrauen und meine Demut. Ich muss mit Jesus übereinstimmen, dass ich das nicht tragen kann. Ich entscheide mich dagegen, mich zum alleinigen Richter aufzuwerfen. Ich sage Gott, wie leid es mir tut, dass ich geglaubt habe, er sei nicht ausreichend in der Lage oder nicht bereit gewesen, sich um mich zu kümmern. Dann kann ich ihm bewusst die Erlaubnis geben, alles zu tragen, was ich kläglich zu ertragen versucht habe.

In diesem wahrhaft wundersamen Moment beginnen die Haken sich zu lösen. Gott erweist sich als vollkommen willens und fähig, mich zu beschützen.

Das ist das Wunderbare, vielleicht das Kraftvollste überhaupt, was wir in diesem Zeitalter erleben können.

Ich werde wissen, dass ich Gott in Bezug auf eine vertikale Vergebung vertraut habe, wenn mein Übeltäter nicht mehr angekrochen kommen und die »perfekte« Entschuldigung vor der ganzen Welt abgeben muss, am besten per globaler TV-Übertragung! Ich werde wissen, dass die Haken herausgezogen sind, wenn ich auf meinen Übeltäter in Liebe zugehen will, um die Gelegenheit für eine horizontale, auf Buße basierende Vergebung zu schaffen, die zu seinem Nutzen ist. Dies wird nicht immer praktisch möglich sein. Aber es kann zu einem tiefen Herzenswunsch werden. So funktioniert Liebe. Ich bin völlig frei, da ich darauf vertraue, dass

Gott in der Lage ist, mich zu beschützen, zu befreien und zu heilen. Dann, wenn nichts mehr dem Selbstschutz überlassen ist, kann ich zum Wohle derer lieben, die mir Unrecht getan haben. An diesem Punkt wird der Glaube an unseren Gott überaus real. Das ist Liebe, die andere sprachlos macht. Weil sie nicht vorgetäuscht werden kann, zumindest nicht sehr lange. Sie ist wirklich ein Werk Gottes.

ZURÜCK ZU EPISODE 6: DER KERN DER SACHE

Jim fragt seine Mutter: »Konntest du jemals mit ihm darüber reden? Über Vergebung, über Jesus, darüber, was das alles mit ihm macht?«

»Jim, dein Vater ist ein sehr dickköpfiger, stolzer Mann. Auf seltsame Weise ist das wahrscheinlich der Grund, warum er so viel Geld verdient hat. Aber das kam nicht ohne einen Preis. ›Jesus ist für ungebildete, schwache Menschen‹, sagt er. Wir gehen höflich, manchmal sogar spielerisch miteinander um. Ich trage keinen Kampf in mir, was ihn angeht. Manchmal mag ich den Mann noch immer! Schau, wenn es ihn nicht gäbe, gäbe es auch dich und deine Brüder nicht. Ich habe ihm ein Dutzend Mal die Chance gegeben, seinen Fehler einzusehen, damit er Buße tun und sich seinem Chaos stellen könnte. Damit er sich von Gott reinigen lassen könnte. Damit er hören könnte, wie ich ihm alles verzeihe, damit er von allem frei sein kann.«

Und nicht lange nach diesen Worten beginnt jeder, sich zurück ins Haus zu begeben, in dem Wissen, dass sie gemeinsam einen Abend verbracht haben, den niemand von ihnen allzu bald vergessen wird.

Am nächsten Morgen fährt Allison den Hügel hinunter zum Radiosender in Stockton. Die Clawsons wurden mit einem Nichts-tu-Tag beschenkt. Sie schlafen alle aus, was für sie ungefähr bis viertel nach sieben bedeutet. In aller Ruhe waschen sie Wäsche, duschen lange und checken ihre E-Mails und Social-Media-Benachrichtigungen. Aiden probiert jeden Stuhl und jedes Sofa aus. Allison hat ihm die Erlaubnis gegeben, ihre Vinylalben abzuspielen. Sie hatte ihm gezeigt, wie man die Nadel auf die Platte setzt, ohne sie zu zerkratzen. Den größten Teil des Tages probiert er verschiedene Räucherstäbchen aus und spielt dabei lautstark alles von Dylan über The Grateful Dead bis hin zu John Coltrane ab. Schließlich machen Madison und Sarah den kurzen Spaziergang, um Dori's Tea Cottage auszuprobieren. Jim nimmt seinen Laptop mit nach draußen, um Home-Office-Aufgaben nachzuholen.

Der Rest des Tages verläuft ereignislos. Diese Reise war wie ein Wirbelsturm. Dieser Urlaub hat sich zu einer ausgedehnten Entdeckungsreise entwickelt. Eine Familie, die sich selbst entdeckt. Heute spürt jeder das Gewicht der Ereignisse. Jeder von ihnen braucht einfach mal die Gelegenheit, zu entfliehen und für eine Weile allein zu sein. Das machen sie bis zur Schlafenszeit.

EPISODE SIEBEN
DIE STRASSE ZU MEINEM HERZEN

Jim weiß nicht alles über seine Kinder, aber er weiß, dass er die beste Verbindung zu Madison aufbauen kann, wenn sie zusammen einen Fußmarsch machen. Also lädt er sie am nächsten Morgen zu einer Wanderung ein, um die Hügel hinter Allisons Haus zu erkunden. Sie ist ein wenig zurückhaltend, aber sie stimmt zu. Sie betreten eine Forststraße und sind bald von dichtem Wald umgeben. Genau darauf hatten sie gehofft. In ihren Tagesrucksäcken haben sie jede Menge Wasser und einige der Reste vom letzten Abend.

Jim erkennt langsam, wie sehr sein Verständnis von elterlicher Erziehung von seinem Vater verkorkst wurde. Ray hat sich schon immer einfach durchgesetzt. Alle machen die Dinge auf seine Weise, denn so, wie er es macht, ist es richtig – auch dann, wenn er falsch liegt. Die Folge: Während andere sich Ray vielleicht anpassen oder sich ihm fügen, vertraut ihm niemand wirklich. Seine Mutter so kurz nach Ray zu erleben, hatte auf Jim eine verblüffende Wirkung.

Heute will Jim, dass sich seine Beziehung zu Madison ändert.

»Madison, deine Mum sagt, ihr zwei hattet ein wirklich gutes Gespräch in Monterey.«
»Was hat sie dir erzählt?«
»Keine Einzelheiten. Nur, dass es gut war.«
»Ja.«
Sie gehen weiter. Jim ist ziemlich sicher, dass Madison ihm davon erzählen wird, wenn man ihr ein wenig Zeit ließe.
Jim irrt sich.
Madison sagt nichts. Über zehn Minuten Fußmarsch. Schließlich machen sie eine Pause, um von ihren Wasserflaschen zu trinken.
»Also, möchtest du mit mir darüber reden, worüber ihr gesprochen habt?«
»Nein, Dad. Ich glaube nicht.«
Madison hat ihre Trinkflasche verschlossen und begonnen, weiterzugehen. Eine Wahrheit über Vertrauen und Erlaubnis aus einem vorangegangenen Podcast lautete:

Wenn ihr um Erlaubnis bittet, über ein bestimmtes Thema zu sprechen, und die Antwort nein ist, wäre es eine gute Idee, dieses Nein zu respektieren, bis irgendwann in der Zukunft ein Ja erreicht ist.

Jim ist dabei, genau diesen Ratschlag niederzuwalzen.
»Warum darf deine Mutter Dinge erfahren, die ich nicht wissen darf? Ich bin dein Vater.«
Sie geht weiter.
»Madison«, ruft er ihr hinterher, lauter als nötig.
Sie bleibt stehen. Und dreht sich um.
»Dad. Nein.«

»Nein, was? Ich möchte doch nur wissen, worüber ihr geredet habt. Hör auf, es zu einer so großen Sache zu machen, als wäre es strenggeheim.«

Beinahe zu sich selbst, doch noch laut genug, dass er es hören kann, sagt Madison: »War das dein Plan?«

Er stellt sich in ihr Blickfeld. »Was? Mein Plan? Vertraust du mir nicht?«

»Nein. Das tue ich nicht.«

»Warum kannst du mir nicht vertrauen? Ich weiß nicht einmal, was du meinst, wenn du das sagst.«

»Deshalb vertraue ich dir nicht.«

»Hör auf, das zu sagen! Du kannst das nicht einfach sagen, nur weil du es willst. Ich bin vertrauenswürdig! Ich bin deiner Mutter treu. Ich kümmere mich um euch. Ich bin ehrlich. Ich verstehe nicht, warum du das immer wieder sagst.«

»Mum hört einfach zu. Und sie flippt mir gegenüber nicht gleich aus. Sie benutzt das, was ich ihr erzähle, nicht als Erlaubnis, um mir zu sagen, was mit mir nicht stimmt, oder dass ich alles falsch mache.«

Er ist empört. »Das sehe ich ganz anders. Ich höre sehr wohl zu.«

»Du hast solche Angst, dass ich mein Leben ruiniere. Ich höre dich nicht mal mehr. Ich blende dich einfach aus.«

Es ist nicht das erste Mal, dass sie dieses spezielle Gespräch führen. Aber diesmal ist etwas anders.

Obwohl er überreagiert, erlaubt Jim Madison, ehrlich zu sein. Er ist verwirrt, frustriert, wütend. Aber er lässt zu, dass Madison es rauslassen kann. Allerdings weiß er noch nicht, wie viel da rausmuss.

Sie sitzen beide auf ein paar Felsbrocken am Straßenrand. Madison wendet sich ihm zu.

»Dad. Glaubst du nicht, dass ich inzwischen alles wissen müsste, was ich *nicht tun sollte*? Ich bin vierzehn. Warum willst du es mir noch zehn Mal sagen? Ich bin nicht taub.«

»Ich weiß nicht, was ich sagen soll.«

»Warum hätten wir nicht einfach wandern können, und du hättest vielleicht gefragt, wie es mir geht oder wie ich mich fühle?«

»Was ich offensichtlich nicht weiß.«

»Du behandelst mich so, als könnte man mir nicht trauen. Und somit bekommst du nie zu sehen, wenn ich was richtig mache. Ich warte immer noch darauf, dass du es mir einfach sagst, wenn du siehst, dass ich etwas richtig mache. Nur einmal. Aber du vertraust mir nicht, also vertraue ich dir nicht.«

»Madison, ich habe nur Angst, dass –«

»Ich weiß, Dad. Also warum sollte ich dir jemals etwas wirklich Wichtiges über mein Leben erzählen? Ich weiß doch, wie du reagieren wirst.«

»Das ist nicht fair. Ich versuche, dich zu einer gesunden jungen Frau zu erziehen.«

Sie verdreht die Augen. »Oh mein Gott. Ich bin die meiste Zeit wütend. Wusstest du das? Und du willst nicht wissen, welche Gedanken ich habe.«

»Okay. Es reicht. Also, was soll ich deiner Meinung nach tun?«

Sie schaut ihm in die Augen. Sie blickt ihn genau an, um abzuschätzen, was es sie kosten wird, wenn sie ehrlich ist.

»Dad. Erkundige dich nach meinem Leben. Alles ändert sich. Und ich weiß die meiste Zeit nicht, was ich tun soll. Ich würde gern wissen, dass es dich interessiert.«

»Madison –«

»Lass mich ausreden! Ich verbocke es und weiß nicht mal, wem ich es sagen soll. Sag mir, dass du es auch verbockt hast. Dad, ich weiß, was das Richtige ist. Ich habe es fünftausend Mal von dir gehört. Aber ich weiß nicht, wie man es tut.«

Sie weint jetzt.

»Ich bin ein Idiot«, gesteht Jim.

»Lass es nicht um dich gehen, Dad. Lass es um mich gehen.«

Sie sitzen eine Weile da.

Jim bricht unbeholfen die Stille. »Lass uns einfach wandern. Keine Fragen.« Das tun sie. Eine lange Wanderung. Bis beide sehr müde sind. Für diesen Tag ist es mehr als genug.

Heute hat Jim etwas gelernt, was er noch nie zuvor in Betracht gezogen hat. Wenn er jemals das Vertrauen von Madison gewinnen will, wenn er jemals die Erlaubnis zu irgendetwas erhalten will, muss er sich ihr auf kontraintuitive Weise nähern. Durch Verletzlichkeit, nicht durch Macht. Indem er um Erlaubnis bittet.

An diesem Tag hat Madison ihrem Vater vielleicht einen Weg nach Hause gezeigt.

IN DER EPISODE

Wir haben gerade gesehen, wie Jim versucht hat, eine Erlaubnis einzufordern. Nun, das lief nicht so toll. Weil er Madisons Vater ist, hat er angenommen, dass er ein Anrecht auf ihre Herzensprobleme habe. Aber Jim fängt gerade erst an, eine lebenswichtige Wahrheit zu lernen, die seinen Erziehungsstil letztendlich dauerhaft in eine andere Richtung lenken wird.

Der Zugang zum Herzen muss verdient werden. Immer.

Jeder kann euch Informationen und sogar Wissen vermitteln. Die Informationsaufnahme ist eine elementare Leistung des Verstandes. Man muss jemandem nicht vertrauen, damit er einem Informationen geben kann. Das funktioniert einfach so. Ein aufdringlicher Telefonverkäufer kann euch sagen, wie spät es ist. Man muss den Motiven dieser Person nicht vertrauen, um die Information zu erhalten.

Deshalb geben leider viele Gemeinden biblischer Information den Vorzug gegenüber biblischer Transformation. Denn Ersteres erfordert nur die Ausübung von Autorität und das Verteilen von Materialien. Biblische Informationen sind unverzichtbar wichtig, aber für sich genommen sind sie völlig unzureichend. Unter einem solchen System kann man zu der Überzeugung gelangen, dass man ein »erfolgreicher« Christ ist, nur weil man viel über die Bibel weiß. Doch den christlichen Glauben macht unendlich viel mehr aus, als nur Dinge über Gott zu wissen.

Wie Paulus in Philipper 3,10 sagt: »Mein Wunsch ist es, Christus zu erkennen ...« (Das griechische Wort für »erkennen«, *ginosko*, schreit meine Fähigkeit heraus, Jesus erfahrungsmäßig zu kennen!) Es muss ein Mittel geben, das Information zu Transformation macht. Wissen muss in Wahrheit, Weisheit, Einsicht und Urteilsvermögen übergehen können.

Wahrheit, der man nicht vertraut, transformiert nicht, egal, wie wertvoll diese Wahrheit ist.

Die Konsequenzen für mich als Elternteil sind endlos. Denn wenn ich meinen Kindern meine Liebe zeigen und sie beeinflussen will, muss ich mir zuerst ihr Vertrauen verdienen.

Einfluss. Mehr als alles andere wollen wir unsere Kinder für alle Zeiten beeinflussen. Doch Einfluss kann nicht erzwungen werden. Einfluss kann nicht ohne Zustimmung desjenigen genommen werden, den wir beeinflussen wollen. Und die Erlaubnis, nun, das ist knifflig, denn es ist fast ein unwillkürlicher Vorgang seitens unserer Kinder. Sie können nicht genötigt, aufgefordert oder manipuliert werden, um uns die Erlaubnis zu erteilen. Denn sie ist das Ergebnis von Vertrauen.

Als Elternteil will ich lernen, was es braucht, um das Vertrauen meiner Kinder zu gewinnen. Es braucht keine sündlose Vollkommenheit, damit meine Kinder mir vertrauen können. Sie sind dafür gemacht, mir zehntausend Mal zu vergeben, multipliziert mit der Unendlichkeit. Wofür sie jedoch nicht gemacht sind, ist meine – aufgepasst – mangelnde Integrität.

Integrität bedeutet einfach, zu tun, was man gesagt oder versprochen hat. Und nicht, etwas zu sagen oder zu versprechen, das man dann nicht tun oder einhalten kann. Es geht darum, sich als vertrauenswürdig zu erweisen, und nicht darum, seine Rolle als Elternteil auszunutzen, um zu bekommen, was man will.

Das bedeutet, dass ihr euch nicht anmaßt, alles lösen, alles beschützen und alles wissen zu können. Ihr bittet eure Kinder nur in den Bereichen darum, euch Zugang zu gewähren, um sie zu beschützen, in denen ihr auch die Fähigkeit dazu habt. Ihr Vertrauen in euch kommt weitgehend durch eure Demut, offen zuzugeben, wobei man euch noch nicht vertrauen kann. Und durch eure Fähigkeit, ihr ehrliches Feedback anzunehmen, wenn ihr Vertrauen verletzt wurde, weil ihr versucht habt, euch Zugang in Bereiche zu erzwingen, in denen ihr noch nicht vertrauenswürdig seid.

Die meisten Kinder lieben Superhelden. Aber sie wollen sie nicht als Eltern.

Wenn ihr wissen wollt, ob euer Kind euch genug vertraut, um von euch beeinflusst zu werden, hört genau zu, wie es antwortet, wenn ihr es fragt:»Welche Wirkung habe ich auf dich?« Sobald euer Kind glaubt, dass ihr das aufrichtig wissen wollt, werdet ihr die Bereiche entdecken, in denen es sich eurem Einfluss nicht anvertraut.

Diese Frage – Welche Wirkung habe ich auf dich? – mag ein wenig sonderbar klingen. Nicht sonderbar im Sinne von schlecht, sondern sonderbar im Sinne von merkwürdig. Aber seid ruhig ein wenig merkwürdig in eurer Erziehung, und das ist ein großartiger erster Schritt. Was ihr euer Kind damit eigentlich fragt, ist: »Wenn du bei mir bist, fühlst du dich dann frei, du selbst zu sein, oder musst du dich verstellen?« Die Wirkung, die wir auf unsere Kinder haben, lässt sie sich entweder frei oder nicht frei fühlen, und natürlich kann es manchmal vorkommen, dass sie sich ein wenig von beidem fühlen. Aber seid auf mutige Weise merkwürdig, fragt sie und wartet ab, was sie sagen.

Wir werden von Gott dazu eingesetzt, als Kanal der schützenden Liebe Gottes die Bedürfnisse unserer Kinder zu erfüllen. Und wir erreichen ihre Herzen auf die gleiche Weise, wie Gott auch unsere erreicht hat – durch Vertrauen.

Es geht um Schutz, nicht Kontrolle.

Und unsere Kinder werden uns diese Erlaubnis bereitwilliger geben, wenn sie sehen, dass auch wir anderen gegenüber dazu bereit sind.

Wenn unsere Kinder uns vertrauen, wachsen sie in Freiheit. Es ist wirklich eine schöne Sache, das mit anzusehen.

Und wenn sich eine solche Form der Interaktion in einer Familie zu entfalten beginnt, geben Kinder freiwillig und nicht widerwillig die Erlaubnis. Außerdem werden sie anfangen, mehr von sich preiszugeben. Sie werden den Schutz wahrnehmen, der es ihnen erlaubt, sich verletzlicher zu zeigen. Nochmals, es ist schön, das mit anzusehen.

Jim wurde eine vorläufige Einladung in Madisons Herz ausgesprochen. Er ist diesbezüglich auf einer ziemlich großen Lernkurve, und das weiß er. Aber er wurde eingeladen, und das ist eine tolle Sache.

ZURÜCK ZU EPISODE 7: DIE STRASSE ZU MEINEM HERZEN

In der Zwischenzeit haben Sarah und Allison beschlossen, zu Dori's Tea Cottage zu gehen. Sie fragen Aiden, ob er eine Weile allein zurechtkomme.

»Ja. Keine Sorge.«

Er hat schon darauf gewartet, dass sie endlich gehen. Jetzt hat er das ganze Hippiehaus für sich allein. Kaum, dass sie aus der Tür sind, zündet er ein Räucherstäbchen an und legt ein neues Album auf.

Draußen sitzend, mit Blick auf eine sehr ruhige Hauptstraße, teilen sich die beiden Frauen ein hausgemachtes Olivenöl-Zitronenbrot von Dori. Allison hat die beiden mit einer Kanne Kukicha-Grüntee versorgt.

Dylans kratzige Stimme ertönt schwach aus Allisons Haus, direkt hinter ihnen.

Allison nickt mit dem Kopf und lächelt. »Der Junge hat Geschmack.«

»Also, wie hast du es geschafft?«, fragt Sarah, während sie darauf wartet, dass ihr Tee abkühlt.

»Was geschafft?«

»Drei Kinder alleine großzuziehen? Mir fällt es ja schon extrem schwer, zwei großzuziehen. Und das, obwohl ich habe einen Mann habe.«

»Ich denke, du machst deine Sache wirklich gut, Sarah. Sag mir, wie war die gemeinsame Reise bisher? Jeder wird nach einer Weile ein bisschen entlarvt, wenn man zusammen in einem Auto fährt. Stimmt's?«

»Ja, ›ein bisschen‹ entlarvt ist gut. Es war schön, aber auch echt schwer und nervenaufreibend. Ich bin mir nicht mal sicher, wie lange wir schon unterwegs sind.«

»Also, was ist das Schwierigste für dich? In der Erziehung.«

»Ich soll nur eine Sache nennen? Manchmal alles. Anfang dieser Woche waren wir bei meinen Eltern in Encinitas. Ich musste aus dem Haus raus und einfach ein Stück laufen. Ich fühlte mich so eingeengt.«

»Ich verstehe. Ich bin offizielles Mitglied im Club der Klaustrophobiker. Also, was bedeutet das für dich?«

»Ich fühlte mich, als würde ich als Betrügerin entlarvt. Als könnten meine Kinder es sehen, während sie meine Mutter beobachteten. Als sähen sie mich an und wollten sagen: ›Da hast du es also her. Eine distanzierte, harte Frau, die nicht weiß, wie sie ihre Kinder lieben soll. Die sie stattdessen nur mit Anweisungen traktiert und dafür sorgt, dass sie sich ständig schuldig fühlen. Jetzt ist das alles völlig klar.‹«

Allison lächelt. »Vielleicht hast du in ihre Mienen etwas zu viel hineingelesen?«

Sarah lächelt zurück. »Vielleicht. Aber, Allison, ich sah mich selbst in ihr. Sehr oft. Ich habe das Gefühl, dass ich die meiste Zeit meines Erwachsenenlebens daran gearbeitet habe, sie aus meinem System zu kriegen. Sie ist kein schlechter Mensch. Sie hat viele gute Dinge getan. Ich liebe sie. *Aber sie verbrachte meine ganze Kindheit damit, mir beizubringen, wie man einen guten Eindruck macht.*«

»Das muss einen ja in die Klaustrophobie treiben.«

»Mein Ziel war es, sie von meiner Annehmbarkeit überzeugt zu halten. Dass ich ihre Liebe wert sei. Also brachte ich immer Leistung, damit ich genug für sie wäre. Doch so richtig annehmbar war ich nie für sie. Bin ich immer noch nicht. Ich bin achtunddreißig Jahre alt und meine Mutter kann es immer noch nicht lassen, darauf hinzuweisen, was ich falsch mache. Auch wenn es um Kinder geht, die ihr gar nicht gehören! Das haben ihre Eltern ihr so beigebracht. Jetzt habe ich das Gefühl, dass ich das Gleiche mit Madison und Aiden mache. Wir haben auf der Reise noch nicht darüber gesprochen. Aber ich weiß, dass es kommt. Sie sind mir längst auf die Schliche gekommen!«

»Verrückt, was?«, sinniert Allison. »Je älter wir werden, desto kindischer und karikaturhafter wirken unsere Eltern jedes Mal, wenn wir sie besuchen.«

»Ich weiß ehrlich nicht, wie ich mich an meinen Kindern freuen kann. Ich liebe sie wirklich. Aber wie meine Mutter versuche ich, sie in Ordnung zu bringen, damit sie einen besseren Eindruck machen. Sie müssen sich genauso fühlen wie ich all die Jahre. Als würden sie dem Anspruch nicht genügen. Ich möchte ihnen helfen, erwachsen zu werden und richtig zu leben. Aber wie soll ich das machen? Ich beobachte andere Mütter und es ist, als hätten sie einen Kurs besucht, den ich verpasst habe. Es scheint bei ihnen ganz von selbst zu kommen.«

»Also, zurück zu meiner Frage. Was ist das Schwierigste für dich?«

»Okay. Ich schätze, es ist das: Wie kann man sich an seinen Kindern freuen, wenn man derjenige sein muss, der sie ständig zurechtweist?«

»Ah, du stellst so gute Fragen. Also, zuerst möchte ich dir sagen, dass es für mich nicht ganz von selbst kam. Ich hatte mich gerade in Ray verliebt. Ich war nicht eines jener Mädchen, die von Kindern träumten. Ich wäre gern ›eine Schneiderin für die Band‹ gewesen.«

»Eine was?«

»Sorry. Kleine Anspielung auf einen alten Elton-John-Song.« Sie lacht.

»Du wolltest keine Kinder?«

»Es ist nicht so, dass ich keine Kinder wollte oder sie nicht liebte, als sie kamen. Aber, Schatz, ich war eine wirklich gute Radiomanagerin. Doch das Leben passiert und schon kommt die nächste

Sache. Und die nächste Sache für mich wurde, drei Jungen zu beschützen. Und ich hatte keine Ahnung. Ich war am Untergehen, während ich eine hässliche Scheidung zu überstehen versuchte.«

»Ich kann es mir nicht mal vorstellen.«

»Wenn ich zurückblicke, kann ich es auch nicht. Das soll nicht abgedroschen klingen, aber da hat mich Jesus gerettet. Zuerst ging es darum, die Grundlagen über ihn zu glauben – dass er Gott ist und dass er mich genug liebte, um für mich zu sterben. Dass er immer an mich dachte. Dann begann ich allmählich, einige Dinge über mich zu glauben – dass ich nicht diese Versagerin war, diese unerwünschte Frau. Dass ich geliebt war, man mich kannte und ich neues Leben in mir hatte. Nach einer Weile konnte ich von der Arbeit nach Hause kommen und mehr tun, als nur durchzuhalten, bis ich meine nächste Schlaftablette nehmen konnte. Ich konnte spüren, wie ich langsam lebendig wurde. Ich weiß nicht, wie die Kinder vorher überlebt haben. Ich war in einem Nebel. Aber der Nebel begann sich zu lichten und plötzlich interessierte ich mich sehr für meine Kinder, für ihr Leben, für uns.«

»Allison, genau das will ich.«

»Du willst *was*?«

»Was du da sagst. Dieses neue Leben in mir erfahren. Dass meine Familie dieses neue Leben in sich erfährt. Ich denke so nicht. Ich weiß nicht einmal, wie das aussehen würde.«

»Ich weiß nicht, wann es mir dämmerte. In all den Jahren zuvor habe ich nur versucht, sie dazu zu bringen, sich zu benehmen und gut angepasst zu sein, ohne dass es mich zu viel kostet. Dann, eines Tages, hatte ich fast wie aus dem Nichts folgenden Gedanken: *Gottes Geist bringt mich von innen heraus zur Reife, auch wenn ich es nicht merke. Auch wenn ich nicht wach bin! Folglich macht er vielleicht das Gleiche mit meinen Kindern.*

Dieser eine Gedanke hat in meiner Erziehung so viel verändert! Ich begann mit dem Versuch, Gott in ihnen anzusprechen, anstatt den ganzen Tag herumzulaufen und mich zu bemühen, ihr Verhalten in den Griff zu bekommen.«
»Hilf mir, Allison. Was bedeutet das denn – ›Gott in ihnen ansprechen‹?«
Allison lächelt. »Ja. Das ... Nun, ich habe sie immer wieder daran erinnert und ihnen beigebracht, wie Gott sie sieht.«
»Nochmal – was bedeutet das überhaupt?«
»Nun, zum Beispiel, wenn sie dich anlügen. Du musst das Lügen natürlich ansprechen. Aber dann muss man sich etwas Zeit nehmen, sie davon zu überzeugen, dass es sie nicht zu Lügnern macht, nur weil sie lügen können. Dass sie in Christus zu etwas viel Größerem geworden sind, dass sie nicht auf ihr Verhalten reduziert sind. Gott hat seine Meinung über sie nicht geändert, weil sie gelogen haben, und das kann man ihnen vermitteln. Sobald sie davon überzeugt sind, bringt das ans Licht, wer sie wirklich sind. Ergibt das Sinn?«
»Ich denke schon. Vielleicht.«
»In Ordnung. Ich muss langsamer machen, nicht wahr?«
Sarah antwortet: »Vielleicht. Ja.«
»In dem Moment, in dem wir auf das vertrauen, was Jesus für uns am Kreuz getan hat, werden wir zu neuen Menschen. Wirklich neu! Nicht dieselben Menschen wie zuvor, nur mit einer neuen weißen Weste. Kannst du mir folgen?«
»Ja. Vielleicht.«
»Auf irgendeine Weise ist Gottes Natur mit meiner vereint. Ich behalte meinen alten Geschmack in Sachen Wein und Rock 'n' Roll. Aber ich bin völlig verändert. So verändert, wie ich es nur sein kann. Ich habe diese brandneue Kraft, mich richtig zu verhalten und es auch zu wollen, anstatt bloß die richtigen Dinge zu tun.«
»Okay, fahre fort. Aber mach langsam.«

»Tut mir leid. Ich werde ein wenig aufgeregt.« Allison schmunzelt.
»Ein wenig.«
»Also, tun wir so, als wäre das, was ich gerade gesagt habe, nicht wahr. Nehmen wir an, im Zusammenhang mit ihrer Erziehung, sie hätten *keine* neue Kraft in sich, die sie den Wunsch haben lässt, das Richtige zu tun, und dass ich mich nicht an diese neue Natur wenden könnte. Wenn diese neue Kraft nicht da wäre, müsste ich meine Macht ausüben, um ihnen Gehorsam abzuverlangen, zum Beispiel, indem ich sie schelte, sie ausschimpfe oder ständig an ihnen herumnörgele. Richtig?«

»Du hast gerade meine Erziehungsmethodik genau beschrieben.«

»Deine und die vieler anderer. Aber funktioniert das Nörgeln wirklich? Eigentlich nicht, oder? Kinder reagieren nicht wirklich auf einen solchen Ansatz oder sie reagieren oberflächlich, nur für eine Weile. Letztendlich hat eine solche Erziehung keinen anhaltenden Erfolg. Entweder lernen sie, sich dir zu fügen und dich zu beschwichtigen, damit die Dinge reibungslos laufen, oder sie lernen, dich zu bekämpfen.«

»Ich habe beide Sorten.«

»Aber was, wenn meine Prämisse stimmte? Dass Kinder, egal wie jung oder unreif, ein neues Herz bekommen, sobald sie zu Christus kommen. Und dieses neue Herz will gehorchen und hat auch die Kraft dazu, das macht es aus.«

»Dann, na ja, schätze ich, würde ich herausfinden wollen, wie man dieses neue Herz erreichen kann.«

Allison legt beide Hände um ihre Tasse und führt sie zum Mund. Bevor sie einen Schluck nimmt, lächelt sie und flüstert: »Ja. Ja, das könntest du.«

»Aber ich weiß wirklich nicht, was ich anders machen sollte. Sagst du, dass alle Regeln und Kontrollen und die Versuche, ihnen die Anweisungen einzuschärfen, wertlos waren?«

»Es kommt darauf an, was du erreichen willst. Du kannst sie nötigen und in dem Moment dazu bringen, deinen Wünschen zu entsprechen. Du kannst ihnen ein schlechtes Gewissen machen. Du kannst ihnen auf die Nerven gehen. Du kannst deine Autorität spielen lassen. Du kannst ihnen mit dem Verlust von Privilegien drohen. Du kannst dir den Mund fusselig reden: ›Du sollst, du solltest, was ist los mit dir, warum kannst du nicht, wann wirst du endlich?‹ Aber ihre Herzen werden ungerührt bleiben. Und was auch immer sie tun, tun sie widerwillig und zu dem Preis, sich manipuliert zu fühlen. Und letzten Endes werden sie dir nicht von Herzen vertrauen.«

»Und jetzt kommt unsere angespannte Beziehung zum Problem hinzu.«

»Genau. Also begann ich, diese Frage zu stellen: Wie kann ich meine Kinder dazu bewegen, gute Entscheidungen zu treffen, ohne dass ich mich selbst unnötigerweise zu ihrem Problem mache?«

»Das habe ich auch schon getan. Mich selbst zu ihrem Problem zu machen.«

»Sie müssen überzeugt sein, dass du weißt, wer sie sind. Dass du nie annimmst, dass sie nur darauf aus sind, immer mit etwas davonkommen zu wollen. Du musst ihnen glauben und sie davon überzeugen, dass du weißt, dass sie im Kern Gott und dir von Herzen gehorchen wollen. Du musst diese Reaktion hervorholen, auch wenn es vielleicht nicht ihre erste ist.«

»Hmm. Das ist so gut. Ich weiß immer noch nicht, wie das aussehen würde. Aber ich glaube dir.«

»Auch wenn Kinder noch nicht gläubig sind, kannst du trotzdem teilweise so mit ihnen leben. Wir alle, als solche, die nach dem Ebenbild Gottes geschaffen sind, sind darauf ausgelegt, auf die Gnade zu reagieren. Du kannst noch nicht ihre neue Identität ansprechen, aber du kannst sie mit Würde behandeln, indem du sie nicht ausschimpfst oder verärgerst. Du kannst sie dazu bringen, sich nach einem neuen Herzen zu sehnen, und du kannst sie auf dieses neue Herz vorbereiten.

Du kannst nichts falsch machen, wenn du deine Kinder so behandelst, wie Gott dich behandelt, auch bevor sie ihm ihr Vertrauen geschenkt haben.

Sarah, ich liebe diesen Spruch: ›Gnade als meine Triebfeder wird immer größere Frucht bringen als Zwang oder Forderung.‹«

»Das klingt schwer zu leben. Sehr schwer.«

»Ja. Es ist ungemütlich und sehr zeitaufwendig. Aber angespannte Beziehungen zwischen Kindern und Eltern sind noch ungemütlicher, zeitaufwendiger und weniger effektiv, befriedigend und vergnüglich.«

»Ich will so sehr, dass es wieder Freude macht.«

»Ich musste lernen, mich weniger um ihr Erscheinungsbild zu sorgen. Sogar weniger um ihr kurzfristiges Fehlverhalten. Alles, damit ich auf Gottes Timing für ihre Reifwerdung vertrauen konnte, während sie lernten, Gott zu vertrauen, dass er durch sie lebt. Dann konnten sie allmählich erkennen, dass dies *ihre* Beziehung mit Gott war, nicht meine *für sie*. Sie begannen im Großen und Ganzen ihren eigenen Glauben zu ergreifen.

Langsam fingen meine Kinder an, mir zu glauben. Und, Liebes, ihr Verhalten änderte sich. Als Bonus kannten sie meine Liebe. Sie konnten mich genießen. Und ich konnte sie genießen. Ich konnte es tatsächlich sehen, fühlen.«

»Gerade erinnere ich mich daran, wie wir alle kürzlich mit einer anderen Familie abendessen gegangen sind. Aiden sagte etwas, das mich in Verlegenheit brachte. Es war eigentlich nichts. Bloß Fünftklässler-Humor. Ihm war nicht einmal bewusst, dass er etwas falsch gemacht hatte. Aber ich wollte vor dieser Mutter, deren Kinder immer harmonisch und völlig ohne Probleme scheinen, nicht dumm dastehen.«

»Findest du die nicht auch schrecklich? Völlig harmonisch wirkende Familien?«

»Allerdings! Ich will immer schreien: ›Hört auf, so harmonisch zu sein! Einer von euch verschütte bitte Milch, rülpse oder gebe Widerworte. So was. Irgendwas! Macht ihr Leute denn nie etwas falsch? Und warum seht ihr alle wie Models für Sportbekleidung von Patagonia aus?‹«

»Ich weiß. Ich weiß.«

»Jedenfalls sagte ich etwas vor allen, wodurch sich Aiden dumm vorkam. Er war einfach nur Aiden gewesen. Aber ich machte mir mehr Gedanken darüber, wie ich als Mutter aussah, als über seine Gefühle.«

Allison nickt und ermutigt sie, fortzufahren.

»Neulich Abend, als Ray Jim über Aidens Kleidungsgeschmack belehrte, sah ich diesen Blick auf Aidens Gesicht. Der gleiche Blick wie damals, als er sich meinetwegen vor dieser Familie dumm vorkam. Es hat ihn wahrscheinlich noch mehr beschämt als das, was Ray von sich gegeben hat, da es von seiner eigenen Mutter kam. Ich wünschte, ich hätte für diesen Abend einen zweiten Versuch.«

»Ja. Ich habe das alles auch getan und wahrscheinlich noch mehr.«

»Allison, warum habe ich das noch nie gehört?«

»Vielen von uns wurde von wohlmeinenden Lehrern und Eltern beigebracht, dass es quasi egal ist, mit welchen Mitteln man jemanden dazu bringt, Gutes zu tun, solange man ihn dazu bringen *kann*, Gutes zu tun. Aber Gutes aus dem falschen Grund getan – mit der Überzeugung, dass ich in meinem Kern nicht gut bin –, das ist eine der schlimmsten Formen des Unrechts.«

»Mir schwirrt der Kopf.«

»Vielleicht hilft das ja. Andy war wahrscheinlich siebzehn, als ich eines Tages in sein Zimmer ging und nach einer fehlenden Socke suchte. Er hatte seinen Computer angelassen. Ich blickte hinüber und plötzlich starrte mich etwas Pornografisches von seinem Bildschirm an. Eine teilweise nackte Frau. Ich sah genug, um zu wissen, dass mein Sohn wahrscheinlich nicht zufällig darauf gestoßen war. Ich erstarrte. Ich wusste nicht, was ich tun sollte. Ich fühlte mich verletzt, belogen, verlegen, wütend. Ich fühlte mich wie eine Versagerin. Als wäre es irgendwie meine Schuld, dass mein Sohn sich Pornografie ansah. Ich dachte, ich hätte nach bestem Wissen alles getan. Dass ich ihnen Gott auf die richtige Weise zeigte.

Und jetzt das. Mein Sohn konsumierte Pornografie und unterschied sich damit anscheinend nicht von Kindern aus ungläubigen Familien. Also, was war denn nun der Unterschied, den Gott ausmachen sollte? Plötzlich war ich nur noch ein Häufchen Elend mit strengen, selbstbemühten, religiösen Lösungen, von denen ich dachte, dass ich sie schon Jahre zuvor hinter mir gelassen hatte. Während ich darauf wartete, dass er vom Basketballtraining zurückkam, studierte ich meine Reaktionen ein: ›Andy, die Dinge werden sich jetzt ändern! Du hast mich ausgenutzt, Gott ausgenutzt. Diese Gnade scheint bei dir nicht zu funktionieren. Wie konntest du uns das antun, Gott das antun? Du hast Computerverbot, bis ... bis ich weiß, was ich als Nächstes tun soll. Von wem hast du das bekommen? Wie hast du das gefunden? Oh, und mit deinen Freunden weggehen, das kannst du vergessen – heute Abend und für lange Zeit.‹«

»Ich habe solche Angst vor diesem Tag«, antwortet Sarah. »Ich habe das Gefühl, dass das mit Aiden wahrscheinlich schon passiert.«

»Und dann, in den nächsten paar Minuten, brach Gott durch. Ich fing an, mich an die Wahrheiten zu erinnern, von denen Helen Cacoris mich überzeugt hatte:

Meine Glaubensüberzeugungen lassen sich nicht daran messen, ob meine Kinder von falschem Verhalten lassen. Der Maßstab ist, ob sie sich von Gott zunehmend abhängig machen, während sie sich noch falsch verhalten.

Ich saß da und fragte mich, was ich zu Andy sagen sollte. Dann dachte ich, fast wie aus dem Nichts: *Vielleicht sage ich gar nichts zu ihm. Vielleicht gebe ich ihm die Chance, es mir zu sagen.* Sarah, wenn ich Andy zur Rede gestellt und ihm Vorschriften gemacht hätte, hätte ich mich vielleicht besser fühlen können. Aber ich musste einen Weg finden, damit das neue Leben in ihm offenbart werden könnte. Er musste erkennen, dass Gott stark genug in ihm war, um mit seinem Kram fertigzuwerden.

Also dachte ich: *Warum nicht den Bildschirm so lassen und warten?* Ich hatte meinen Kindern immer gesagt, dass Gott ständig um ihre Herzen werbe, und sie dazu ermutigt, ihn stärker sein zu lassen als ihre Sünde. Ich durfte mich nur nicht dem, was ich ihnen gesagt hatte, in den Weg stellen. Ich war wirklich zu dem Glauben gekommen: *Es ist weniger wichtig, dass etwas in Ordnung gebracht wird, als dass nichts verheimlicht werden muss.*

Aber der Gedanke, es so zu versuchen, hat mich fast zu Tode geängstigt. Eine halbe Stunde später kam Andy herein. Und nichts. Er ging auf sein Zimmer. Dann kam er zum Abendessen runter. Immer noch nichts. Er ging an diesem Abend ins Bett, ohne überhaupt viel gesagt zu haben.«

Sarah fragt: »Wie hast du es geschafft, nichts zu sagen?«

»Oh, alles in mir wollte die Standpauke halten. Aber ich musste glauben, dass Gott in Andy arbeitete. Und ich konnte meinen Ansatz nicht ändern, nachdem sich herausgestellt hatte, dass mein Sohn tatsächlich ein echter Siebzehnjähriger war, der etwas ausgesetzt war, was er irgendwann sowieso gesehen hätte, egal, wie ich ihn erziehen würde. Die eigentliche Frage war: Jetzt, da es ans Licht gekommen ist, bin ich ein Ort, der sicher genug ist, um ihm einen Weg nach Hause zu ermöglichen?

Mehrere Tage vergingen. Am folgenden Samstag waren wir beide hinten im Garten und dabei, die Erde des Sommergartens umzugraben.

Er sagte: ›Mum, kann ich dir etwas sagen? Versprichst du, nicht auszuflippen?‹

›Nein, tue ich nicht. Schieß los.‹

›Die letzten paar Wochen, da hab ich mir …‹

Ich beschloss, nichts zu sagen. Ich grub einfach weiter Erde um. Andy fuhr fort. ›… am Computer Bilder von Frauen angesehen.‹

›Ich weiß.‹

›Was? Was weißt du?‹

›Von den Bildern.‹

Er fragte: ›Wie?‹

Ich antwortete: ›Ich bin eine Mutter. Ich werde dafür bezahlt, Bescheid zu wissen.‹

Er fragte mich, was ich tun wolle.

Ich ertappte mich dabei, wie ich sagte: ›Ich glaube, wir tun es schon. Andy, du hast dich gerade verraten.‹

›Das habe ich wohl, was?‹

Er sagte mir, dass er mehrere Wochen lang versucht habe, damit davonzukommen. Ich dankte ihm dafür, dass er es mir gesagt hat. Und ich erinnerte ihn daran, dass er ein neues Herz habe und dass etwas zu verheimlichen deshalb nie wieder einfach sein würde.

Er sagte mir, dass diese Heimlichkeiten ihn regelrecht umbrachten.

Ich fragte: ›Also, was hätte ich tun sollen, wenn du es mir nicht gesagt hättest?‹

›Ich schätze, du hättest mir irgendwann sagen müssen, dass du es weißt.‹

›Und was dann?‹

Er dachte eine Weile nach. ›Und dann hätten wir uns gemeinsam um die Sache gekümmert. Er sah mich an und lächelte. Wie wir es ja fast immer machen. Mum, ich hatte eigentlich keine Angst, es dir zu sagen. Es war mir einfach peinlich. Aber ich wusste, du würdest mich nicht anders sehen. Die meisten meiner Freunde würden ihren Mums so was nie erzählen.‹

›Also, was machen wir jetzt?‹, fragte ich ihn.

›Ich weiß nicht‹, antwortete er. ›Könnte ich vielleicht anfangen, es dir zu sagen, wenn so was wieder vorkommt?‹

Also, Sarah, so weit die Geschichte. Leuchtet davon irgendwas ein?«

»Ja. Vielleicht mehr, als du wissen kannst. Ich glaube wirklich, dass ich dich verstehe, Allison.«

»Danke. Ich habe lange darauf gewartet, in dieses Gespräch einzusteigen. Danke, dass du eine alte Frau hast schwadronieren lassen. Vielleicht reicht das für den Moment. Schmeckt dir dein Tee?«

»Er ist super. Das war's mit Teebeuteln für mich. Ich muss mir auch so ein Sieb besorgen.«

»Dein Geburtstag steht ja vor der Tür. Wir sorgen dafür, dass du richtig ausgestattet wirst.«

»Danke, Allison. Ich habe das Gefühl, dass ich einen dieser Momente erlebe, die ich nicht so schnell vergessen werde. Weißt du, was ich meine?«

»Ja, tue ich, Liebes. Mir geht es genauso.«

EPISODE ACHT
WENN DU MICH AUFBAUST

Am nächsten Morgen gibt es tränenreiche Verabschiedungen. Allison überreicht Sarah eine Teekanne, ein Sieb und alles mögliche Zubehör für die Teezubereitung. Aiden bekommt ein Bob-Dylan-Album. Und die Clawsons sind wieder im Auto. Madison spricht für die ganze Familie, während sie zur winkenden Allison zurückblickt. »Wenn ich erwachsen bin, will ich wie Grandma sein.«

Heute werden sie sich durch den Yosemite-Nationalpark schlängeln. Bevor sie den Park verlassen, halten sie für eine Wanderung und ein paar Snacks an und blicken zu einigen der großartigen Wahrzeichen des Parks auf: El Capitan, den Yosemite Falls und dem Half Dome.

Am späten Nachmittag haben sie den Park wieder verlassen. Für heute Abend und den nächsten Abend haben sie eine Timeshare-Reservierung in Mammoth Lakes.

Als sie Yosemite verlassen und ihre Fahrt die kalifornische Route 395 hinunter antreten, spielen sie einen Teil des »Genießt die Reise«-Podcasts.

Wieder einmal ist die Frau mit der sanften Stimme zu hören, die inzwischen zu ihrer Reiseführerin geworden ist. Zu einer Freundin. Jeder von ihnen macht sie verantwortlich für etwas Schmerz, viel Gutes und so viel neue Hoffnung.

Nach einigen Sätzen unterbricht Aiden: »Ich glaube, diese Frau und Grandma wären Freundinnen.«

Es gibt nur wenige Dinge, die wir auf diesem Planeten tun dürfen und die wertvoller sind, als einen anderen positiv zu bestätigen. Es lässt den Glauben anderer Menschen wachsen, wenn sie erleben, wie das, was sie von Gott für sich selbst erbeten, von jemandem ausgedrückt wird, dessen Bestätigung sie vertrauen.

Am späten Nachmittag sind sie 130 Kilometer südlich nach Mammoth Lakes gefahren. Freunde in Phoenix besitzen dort ein tolles Timeshare-Apartment und haben die Clawsons ermuntert, es auf dem Rückweg nach Hause so lange zu nutzen, wie sie möchten.

Als die Sonne an diesem Tag untergeht, sitzen die vier auf gepolsterten Adirondack-Gartenstühlen auf einer Dachterasse im zweiten Stock mit Blick auf eine gepflasterte Gasse mit Geschäften, Kneipen und Restaurants. Jim erklärte diesen Abend zuvor zum »Urlaubs-Junkfood-Fest der Clawsons«. Ihr eilig zusammengestelltes Menü hält, was es verspricht. Auf dem Terrassentisch stehen zwei große Käsepizzen und zwei Portionen scharfer Hot Wings, neben Riesentüten mit Cheetos und Salz- und Essigchips. Eine XXL-Packung Erdnuss-M&M's lehnt gegen eine fettige Papiertüte mit Tacos, Taquitos, Sour-Cream, Guacamole und Salsa. Die Kühlbox enthält große Behälter mit Ben-&-Jerry's-Eiscreme und Sechserpacks mit Vanillebrause und Rootbeer. Es gibt sogar eine große Flasche Diät-Spritzer. Warum nicht? Sie bestellten mit der Pizza auch einen Salat, aber selbst der ist in Blauschimmelkäse-Dressing mit Speckstreuseln getränkt. Man muss schon lange suchen, um irgendetwas Gesundes auf diesem Tisch zu finden.

Jim spielt eine seiner Playlists von seinem Smartphone ab, wodurch Pearl Jam und U2 in den nächsten 45 Minuten übermäßig viel Spielzeit erhalten.

Jeder ist pappsatt und hat sich bequem zurückgelehnt, als Sarah eine Handvoll Stifte austeilt und einen Stapel Papier auf den Tisch legt.

»Okay, positive Bestätigung. Ich dachte, es wäre toll, wenn wir es aneinander ausprobieren würden.«

Vor zehn Tagen hätten sich alle gegen so etwas gewehrt. Man wäre dieser Aktivität mit meuterndem Stöhnen und desinteressierter Verachtung begegnet. Sarah hätte sich zurückgezogen und sich daran erinnert, dass sie eine lausige Mutter war, die nie versuchen sollte, etwas von spirituellem Wert anzustoßen.

Doch nicht heute Abend.

Jeder schnappt sich ein Blatt Papier.

»Also, schreibt die Namen der anderen drei auf die Seite. Denkt an jeweils drei positive Dinge, die ihr an ihnen wirklich mögt, und schreibt sie unter den jeweiligen Namen. Nicht unbedingt etwas, was sie am besten können, sondern etwas in Bezug darauf, wer sie sind. Entscheidet euch für drei Eigenschaften. Zum Beispiel »aufmerksam« oder »fürsorglich« oder »witzig«. Dann überlegt euch, was ihr dieser Person sagen wollt, um zu erklären, warum ihr euch für diese Beschreibung entschieden habt.

Ach ja. Die Person, die positiv bestätigt wird, darf erst dann etwas sagen, wenn diejenige, die sie gerade bestätigt, wirklich ausgeredet hat. Dann könnt ihr sagen, wie ihr euch bei der Bestätigung gefühlt habt, wenn ihr wollt. Alles klar so weit?«

Es gibt keine Fragen. Alle fangen an zu schreiben.

Zuerst gibt es eine nervöse Unbeholfenheit. Madison fragt: »Dürfen wir Kraftausdrücke benutzen?«

Alle müssen heftig lachen.

Dann wird es ruhig. Sehr ruhig. Jeder durchforscht seine Erinnerungen.

Nach einer langen Stille ruft Sarah: »Also, nehmen wir die erste Person dran, es gibt keine bestimmte Reihenfolge. Wer will anfangen?«

Die Clawsons haben so etwas noch nie gemacht.

Aiden sagt: »Ich will. Darf ich zuerst?«

»Ja. Natürlich, Aiden. Bist du dir sicher?«

»Ich bin mir sicher.«

Aiden steht auf. Er lässt seinen Blick durch die Runde schweifen und fixiert dann Jim.

»Dad, mein Wort für dich ist ›mutig‹. Ich denke, mutig ist, wenn man etwas tut, obwohl man Angst hat. Der eine Abend in Monterey, als du Madison gesagt hast, dass du ihre Gefühle verletzt hast? Das war mutig. Ich war ebenfalls sauer auf dich. Und dann hast du das getan. Also, danke.«

Alle blicken jetzt zu Jim und lächeln ihn an. Er lächelt Aiden einen Moment an. Dann schaut er weg. Das ist Neuland für ihn. Er ist sich nicht sicher, was er tun soll. Er nimmt eine Handvoll M&M's. Keiner sagt was.

Gerade als es so scheint, als wäre der Moment verstrichen, platzt Aiden noch mit etwas heraus: »Oh, und der Tag, als du mich nicht angeschrien hast, weil ich meine Kappe unten am Strand vergessen hatte. Ich weiß nicht, wie ich das nennen soll. Du hast uns alle zusammen zurückgehen lassen, um sie zu holen. Wir waren zusammen, das fühlte sich wirklich gut an. Das war's.«

Sarah ergreift das Wort. »Danke, Aiden. Gut gemacht.« Madison schubst Aiden spielerisch und zeigt ihm ein Daumen hoch.

»Also«, fragt Sarah Jim, »wie hast du dich dabei gefühlt?«

Jim schaut auf und holt tief Luft. Er lehnt sich nach vorn und blickt Aiden direkt in die Augen.

»Aiden, danke. So, wie diese Reise anfing, hätte ich wirklich nicht gedacht, dass mein Name bei dieser Übung überhaupt auftauchen würde. Also danke.«

Er schaut jedem seiner Familienmitglieder in die Augen. Er schüttelt den Kopf, lächelt unwillkürlich und greift sich eine weitere Handvoll M&M's.

»Jetzt bin ich dran!«, ruft Sarah.

Sie schaut Madison an und sagt leise, wie nur für ihr Ohr bestimmt: »Bist du bereit dafür?«

Madison nickt.

»Madison, das habe ich für dich aufgeschrieben. »Spricht die Wahrheit«. Du warst so unglücklich, als wir diese Reise begannen. Du warst verletzt und wütend. Du hattest jedes Recht dazu. Aber in weniger als zwei Wochen bist du ein Fan unserer Familie geworden. Und dabei hast du jedem von uns zu verschiedenen Zeiten in diesem Urlaub die Wahrheit anvertraut. Madison, ich lerne, deinen Worten zu vertrauen, sowohl in den Aussagen, die du machst, als auch in den Fragen, die du stellst. Es tut mir leid, dass ich das nicht schon früher getan habe.« Sarah lehnt sich nach vorn. »Du bist echt toll.«

Tränen füllen Sarahs Augen. »Ich hab dich lieb, Madison.«

»Ich dich auch, Mum.«

Sie sitzen nebeneinander. Madison lehnt sich hinüber und legt ihren Kopf auf die Schulter ihrer Mutter.

Nach ein paar Augenblicken richtet sich Madison auf und sagt: »Also. Darf ich sagen, wie ich mich bei dem, was du gesagt hast, gefühlt habe?«

Sarah nickt lächelnd, noch unfähig zu sprechen.

»Das hat sich gut angefühlt. Ich hatte das Gefühl, dass sich unsere Familie überhaupt nicht nahesteht und dass du mir nie zuhörst. Jetzt nennst du mich eine Person, die die Wahrheit spricht. Auch wenn ich es nicht immer zeige, liebe ich euch alle. Mum, danke.«

»Sehr gern geschehen.«

Jim meldet sich unvermittelt zu Wort: »Okay, ich habe nichts davon auf mein Blatt geschrieben, aber ich muss Folgendes sagen. Sarah, danke. Die ganze Sache, die wir hier machen. Du hast das riskiert. Manchmal glaubst du nicht, dass du dafür geschaffen bist, eine Mutter zu sein. Aber du bist eine tolle Mutter und eine tolle Frau. Und diese letzten anderthalb Wochen habe ich erkennen dürfen, dass wir wirklich eine ziemlich großartige Familie sind. Sorry, falls ich nicht an der Reihe war.«

»Ach.« Jim hebt sein Blatt auf und liest. »Ein Schlagwort habe ich aufgeschrieben. Was ich für eure Mutter gewählt habe, ist: ›verdammt heiß‹!«

Die anderen drei brechen in schockiertes Gelächter und Stöhnen aus. In den nächsten Jahrzehnten wird dieser Moment zu einer oft wieder aufgewärmten Anekdote werden, die Madison und Aiden noch ihren Kindern und Enkelkindern bei Weihnachtsessen und Familienfeiern erzählen werden.

Aiden sagt: »Und Grandpa denkt, *ich* mache seltsame Sachen.«

Noch mehr Gelächter. Allein dass Aiden diese Worte sagen konnte – »Grandpa denkt, *ich* mache seltsame Sachen«, dass er diesen peinlichen Moment ins Gespräch bringen und darüber lachen konnte –, zeigt, dass die Bestätigung seiner Familie stärker ist als die verletzenden Worte seines Grandpas. Alle vier wissen, dass dies ein erlösender Moment ist.

Diese Übung erstreckt sich lange in den Abend hinein, da jeder einzelne von allen anderen positiv bestätigt wird. Irgendwann liest keiner mehr von seinem Blatt ab, da eine Geschichte nach der anderen zum Besten gegeben wird.

Dieser Abend wurde von einer Mutter gestaltet, die anfing zu glauben, dass sie Gottes genau richtige Wahl ist, um ihre Kinder zu erziehen. Und es wurde auf wunderbare Weise von einem Vater zugelassen, der anfing herauszufinden, wie er mit seiner Familie voll den Moment genießen kann.

IN DER EPISODE

Sprüche 27,2 lehrt: »Lobe dich nicht selbst, lass das andere tun!«

Schon seit so langer Zeit, besonders in unseren Glaubensgemeinschaften, wird uns gesagt, dass wir mit Bestätigung sparsam umgehen sollen – aus Angst, dass unsere Egos wachsen, uns das Gesagte zu Kopf steigt und wir arrogant und narzisstisch werden.

In Wahrheit ist es gerade dem Mangel an positiver Bestätigung geschuldet, dass wir durch Prahlen und Manipulationsversuche andere dazu bringen wollen, uns zu sagen, dass wir es wert sind, gekannt und geliebt zu werden.

Weit davon entfernt, uns aufzublähen, lässt uns ehrliche Bestätigung vielmehr demütig werden. Sie bringt uns dazu, mehr von dem tun zu wollen, wofür wir in der Familie oder Gemeinschaft oder Organisation, die uns segnet, bestätigt werden.

Positive Bestätigung heilt. Sie vertreibt Sarkasmus und Zynismus. Sie bewahrt uns sogar vor Selbstschutz. Sie schenkt uns Vertrauen, Mut, Kreativität und Freiheit. Sie lehrt, wie man aktiv liebt. Wir können einander Gottes besonderen Ausdruck der Freude mitteilen. Jedes Mal, wenn das in Wahrheit und Authentizität geschieht, erleben wir Liebesworte von Gott an einen Menschen, die schon vor Beginn der Welt vorbereitet waren! Der Vater bestätigte den Sohn, der Sohn bestätigte den Vater, und der Apostel Paulus bestätigte Timotheus. Positive Bestätigung kann Beziehungen verändern – zwischen Mann und Frau, in einem Unternehmen, in einer Gemeinde und in einer Familie an Geburtstagen, oder zu jedem besonderen Ereignis, einschließlich des Beginns eines neuen Lebensabschnitts.

EPISODE NEUN
IM RING MIT DEN STIEREN DER REALITÄT

Der erste Tagesordnungspunkt der Clawsons am nächsten Morgen ist es, eine Autowaschanlage zu finden. Sie bezahlen für die erstklassige, automatisierte »Deluxe-Wäsche«, die einen dringend benötigten Lufterfrischer beinhaltet. Aiden und Madison saugen die letzten zehn Tage ihrer Wegstrecke aus dem Auto, während Jim und Sarah Verpackungen, Zeitschriften, Quittungen, Parkscheine und Getränkedosen wegwerfen, die sich angesammelt haben.

Danach halten sie bei Schat's Bakery, wo sie Sandwiches und Gebäck für einen Tagesausflug zum Convict Lake, zehn Meilen südlich der Stadt, bestellen.

Fast schon instinktiv schaltet Sarah den Podcast ein. Es bleibt Zeit für zumindest einen weiteren Teilabschnitt.

Wie bringen Eltern ihren Kindern also bei, wie man gesunde Entscheidungen trifft? So etwas wird nie automatisch weitergegeben. Aber viele von uns haben nie wirklich über das Wie und Warum ihrer eigenen Entscheidungen nachgedacht. Wir sind nicht in der Lage, unsere Kinder in einen Prozess gesun-

der Entscheidungsfindung zu führen, den wir selbst nie erlernt haben.

Vielleicht scheuen wir uns davor, unseren Kindern von Misserfolgen aus unserer Vergangenheit zu erzählen, weil wir fürchten, ihnen durch unsere offenbarten Schwächen eine Art Freifahrtschein auszustellen. Doch mit dieser Haltung bleiben wir unseren Kindern fremd.

Wenn wir fremd bleiben, lassen wir sie in ihrer Entscheidungsfindung allein und sie werden anfällig dafür, unsere falschen Entscheidungen zu wiederholen.

Als schlechter Ersatz tauschen viele von uns das Sich-verletzlich-Zeigen in der Beziehung gegen unpersönliche Verhaltenstechniken aus und hoffen, dass das genügt. Aber unsere Kinder riechen den Braten. Sie wissen, dass sie gemanagt und nicht erzogen werden.

Ohne das Geschenk unserer Verletzlichkeit müssen sie gezwungenermaßen lernen, eigenmächtig Entscheidungen zu treffen. Aber sie haben nicht die Reife, um die Grundlage für ihre Entscheidungen zu verstehen. Wenn sie dann eine schlechte Wahl treffen, teilen Eltern oft die Strafe für ihre falschen Entscheidungen aus. Es ist ein Teufelskreis. Keine Anleitung, um ihnen zu den richtigen Entscheidungen zu verhelfen, und Bestrafung für die unvermeidlichen falschen Entscheidungen.

Doch halt! Es gibt einen Weg, aus diesem Karussell auszusteigen. Dieses Drehbuch kann in dieser Generation auf wunderbare Weise und von Grund auf neu geschrieben werden.

Die Aspekte, die den Prozess unserer Entscheidungsfindung beeinflussen, sind in unseren Motiven und Werten verwurzelt. Ein Motiv ist unser grundlegender Antrieb oder grundlegendes Ziel im Leben.

Unsere Motive bilden die Grundlage für die Herausbildung von Wertvorstellungen. Dann gehen alle unsere Handlungen aus diesen Werten hervor.

Deshalb wollen wir als Eltern unseren Kindern helfen, den Weg zurück zum Ausgangspunkt des Motivs zu finden. Denn das Motiv offenbart die tiefe, ehrliche Haltung unseres Herzens. Wir wollen unseren Kindern helfen, mit der aufrichtigen Haltung ihres Herzens in Kontakt zu kommen, die letztendlich das Verhalten freisetzt.

Wenn ihr euren Kindern eure Lebensgeschichte oder Teile davon erzählt, vermittelt ihr eure Einschätzung der Folgen eurer Entscheidungen. Statt nur vage zu wissen, dass ihre Eltern dies oder jenes irgendwann in der Vergangenheit getan haben, könnt ihr diejenigen sein, die ihnen erzählen, was wirklich passiert ist und wie es sich auf euch und eure Mitmenschen ausgewirkt hat. Ihr könnt sie beschützen, indem ihr ihnen ein Beispiel dazu gebt, womit sie es jetzt gerade zu tun haben, aber mit eurer Einschätzung der Folgen. Auf diese Weise lasst ihr sie die Motivation eures Herzens erkennen, warum ihr getan habt, was ihr getan habt. So erhalten sie einen Einblick in ihre eigenen Beweggründe.

Dies ist einer der größten Einflüsse, die wir als Eltern haben können.

Sie schalten den Podcast aus, gerade als sich der Convict Lake vor ihnen auftut. Jim findet einen Parkplatz direkt gegenüber dem See.

Der »Sträflingssee« erhielt seinen Namen nach einem Zwischenfall am 23. September 1871. Sträflinge, die aus einem Gefängnis in Carson City ausgebrochen waren, gerieten in die Falle, als ihre Flucht vor der unbezwingbaren Bergwand am anderen Ende des

Sees ihr Ende fand. Der Name wird diesem Ort nicht gerecht. Ein etwa fünf Kilometer langer Pfad führt Wanderer um eine Postkartenansicht mit neonblauem Wasser und spektakulären Berghängen herum. In der Nähe gibt es Kiefernhütten, Picknicktische, ein Restaurant, einen Gemischtwarenladen und Angelbootsverleihe. Es ist ein herrliches Ziel für einen letzten Tag, bevor die Clawsons das letzte Stück durch die Wüste nach Hause hinter sich bringen.

Aiden springt aus dem Auto, läuft auf die andere Straßenseite und schreit hinüber: »Wow! Seht euch die Farbe des Wassers an! Mum, Dad! Können wir mit einem Boot rausfahren?«

»Nun, ich weiß nicht. Jim, was denkst du?«

»Madison«, fragt Jim, »was möchtest du tun?«

»Ich wollte eigentlich nur wandern.«

»Ich auch. Stört es dich, wenn ich mitkomme?«

»Nicht, solange du den Rucksack mit den Sandwiches trägst.«

»Abgemacht. Sarah, warum fahren du und Aiden nicht mit einem Boot raus?«

»Können wir das wirklich, Mum?«, fragt Aiden.

Sarah lächelt und sagt: »Na ja, ich habe eigentlich noch nie ein Boot gesteuert.«

Madison lacht: »Sie sind aus Aluminium. Wie viel Schaden kannst du da schon anrichten?«

»Du vergisst den Bus.«

»Bus?«, fragt Jim.

Madison lächelt. »Nichts. Ähm, nur, du weißt schon, ein Bus.« Sie blickt wieder zu Sarah. »Es wird alles gut, Mum.«

Es gibt einen Blick und ein kurzes Innehalten seitens Jim, dann schüttelt er den Kopf und wendet sich wieder dem zu, womit er gerade beschäftigt war.

Sie alle tragen Sonnencreme auf, da sie keine weitere Episode wie am Morro Beach wollen, und teilen ihre Picknickvorräte auf.

Und so teilt sich die Familie in Paare auf. Jim und Madison gehen am Ufer des Convict Lake entlang, während Sarah und Aiden ein Boot mit einem Elektromotor mieten.

Nachdem sie zwanzig Minuten gewandert sind, werfen Jim und Madison einen Blick zurück und bemerken, dass Sarah und Aiden auf dem See sind, aber wild herumfuchteln, um sich aus dem Anlegestellenbereich herauszumanövrieren. Fast auf der anderen Seite des Sees angelangt, können sie Sarah und Aiden hören, wie sie halb lachend, halb panisch den anderen Booten ausweichen, die auf beiden Seiten des Zugangs zum See vertäut sind.

Manchmal kommen einem die besten Dinge, die man über Familienmitglieder sagen kann, wenn man sie aus der Ferne beobachtet.

»Es ist cool, dass Mum das mit Aiden macht.« Madison lacht.

»Wow! Mum fährt ein Boot.«

Sie beobachten, wie das Boot, scheinbar den Wellen überlassen, langsam auf das Ende der Anlegebucht zuschaukelt.

Jim fügt hinzu: »Aiden dürfte inzwischen an seiner Entscheidung zu zweifeln begonnen haben.«

Jim und Madison sitzen beide im Schatten von Kiefern und blicken auf die schöne Landschaft und ihre glücklosen Familienmitglieder.

»Heute Morgen, als wir den Podcast hörten, da kam mir in den Sinn ...«

»Ich weiß, was du sagen willst. Und, Dad, das musst du nicht.«

»Woher weißt du, was ich sagen will?«

»Ich habe beobachtet, wie du mich im Spiegel angesehen hast, als die Frau darüber sprach, wie Eltern ihre Kinder mit ihren Entscheidungen alleinlassen. Wie Eltern lernen müssen, ihren Kindern mehr von ihren eigenen Geschichten zu erzählen.«

»Zu offensichtlich, was?«

»Ein wenig.«

»Also, was willst du wissen? Welche dunklen Geheimnisse aus meiner Vergangenheit willst du hören?«

»Im Ernst? Hier? Jetzt?«

Jim zeigt über den See zu Sarah und Aidens Boot. Sie tuckern endlich halbwegs zielgerichtet über den See. »Ich glaube, wir haben noch etwas Zeit. Deine Mutter hat den Dreh langsam raus. Aber sie könnten eine Weile da draußen sein.«

»Nein, Dad. Sag du es mir. Was sollte ich wissen?«

»Netter Schachzug, Madison. In Ordnung.« Er denkt einen Moment nach, steht auf und streicht Kiefernadeln von seinen Beinen als Signal, dass es Zeit zum Wandern ist.

»Ich habe meinem besten Freund seine Freundin ausgespannt. Als sie schon verlobt waren. Vielleicht solltest du das wissen.«

»Dad! Was?«

»Kurz bevor ich deine Mutter traf.«

»Oh mein Gott! Warum?«

»Siehst du, das ist die Sache. Ich weiß es immer noch nicht. Es verfolgt mich irgendwie. Weil ich auch andere Dinge wie diese getan habe. Ich habe es einfach getan. Impuls ist das beste Wort, das ich dafür habe. Sie war schön und cool und lustig. Und ich wollte mit ihr zusammen sein. Das klingt jetzt wirklich falsch. Aber damals schien es mir absolut einleuchtend.

Sie gehen hintereinander, wobei Jim die Führung auf dem schmalen Pfad oberhalb des Seeufers übernommen hat.

»Aber was war mit deinem besten Freund?«

»Sean Cavanaugh. Er und ich waren Zimmergenossen an der Uni.« Er bleibt stehen und dreht sich zu Madison um. »Warum erzähle ich dir das überhaupt?«

»Mach weiter.«

»In Ordnung. Aber du wirst ein wenig den Respekt vor mir verlieren.«

»Dad, das ist das erste Mal in meinem ganzen Leben, dass du mir etwas Schlechtes über dich erzählst. Wie hast du sie auseinandergebracht?«

Die Rädchen in Jims Kopf bewegen sich mit der Geschwindigkeit von Kolibriflügeln.

»Er fuhr zu Weihnachten für eine Woche nach Hause, und ich tauchte immer öfter in ihrer Wohnung auf. Ich wusste schon Wochen vorher, dass ich versuchen würde, bei ihr zu landen.«

Sie beginnen wieder zu laufen.

»Madison, ich wünschte nur, ich hätte es gewusst.«

»Was gewusst?«

»Ich wünschte, ich hätte gewusst, dass es Menschen in der Zukunft schaden würde, weil ich mir erlaubt habe, alles zu tun, was ich wollte, ohne mich darum zu kümmern, was es ihnen antun würde.«

»Was bedeutet das?«

»Ich möchte, dass du Sachen von mir lernst. Aber ich bin kein gutes Vorbild. Ich habe schon früh gelernt, wie ich mich um mich selbst kümmere, und zwar nur um mich. Wie ich die Dinge zu meinen Gunsten lenken kann. Wie man etwas manipulieren musste, damit ich gewinnen würde.«

»Warst du bis dahin noch kein Christ?«

»Doch, war ich. Ich denke, Entscheidungen wie das Ausspannen von Seans Freundin haben mich irgendwie auf einen Weg geführt, der mein Denken durcheinandergebracht hat. Es gibt Zeiten, in denen ich denke, dass mit mir wirklich etwas nicht stimmt, etwas, was nicht verändert werden kann, nicht mal von Gott. Dass ich, obwohl ich Christ bin, trotzdem nur das tun werde, was für mich funktioniert. Auch wenn dadurch deine Mutter oder sonst jemanden verletzt wird. Selbst du, Madison. Ich hasse das.«

Madison saugt das alles wie ein Schwamm auf. Sie hatte noch nie zuvor ein solches Gespräch mit ihrem Vater. Sie wird von Hoffnung geflutet, während sie die nächsten paar hundert Meter schweigend weitergehen.

Der Weg verläuft bergab und schlängelt sich am anderen Ende des Sees näher am Wasser entlang, wo er den Blick auf mehrere Picknicktische freigibt. Madison zieht ein Plundergebäck heraus und zerteilt es, wobei sie eine Hälfte ihrem Vater gibt, während sie sich hinsetzen.

»Also, werde ich einfach die gleichen schlechten Entscheidungen treffen? Ich bin mir ziemlich sicher, dass ich das bereits tue.«

»Madison, ich weiß es nicht genau. Darüber habe ich heute Morgen auch nachgedacht. Ich will absolut nicht, dass du die gleichen Fehler machst. Ich denke, es muss etwas damit zu tun haben, warum ich manchmal so hart zu dir bin.«

»Die Podcast-Frau sprach über Motive. Was war dein Motiv, als du die Freundin deines besten Freundes gestohlen hast?«

Noch mehr Gelächter und Chaos treiben vom Boot aus über den See. Es scheint, dass Aidens Kappe ins Wasser gefallen ist. Und er ist hinterhergesprungen und hätte Sarah fast mit in den See befördert.

»Madison, du stellst eine schwierige Frage. Und ich hasse die Antwort.«

»Rede weiter, Dad.«

»Ich glaube, ich wollte ihm zeigen, dass ich ein besserer Mann sei als er. Dass ich in der Lage sei, ihm seine Freundin wegzunehmen, wenn ich es wollte. Pfui. Wie gefällt dir das als verkorkstes Motiv?«

Madison setzt zu einer Antwort an, aber Jim merkt, dass er noch nicht fertig ist. »Also, ich schätze, ich muss das sagen. Weil ich nicht weiß, ob ich es jemals wieder so sehen werde. Ich sage es besser, solange es mir präsent ist.«

»Was?«

»Ich glaube, ich lebe seitdem mit den Folgen dessen, was ich Sean angetan habe. Das ist jetzt ziemlich hart. Gib mir einen Moment.« Er steht auf, als wollte er weitergehen, dreht sich aber nur einmal im Kreis und setzt sich wieder hin.

»Nach dieser Erfahrung lernte ich, mir selbst nicht zu vertrauen. Madison, das ist immer noch so. Es ist mir peinlich, was ich sage. Aber es wirkt sich wahrscheinlich sogar auf meine Erziehung von dir aus. Ich traue meinen Motiven nicht, warum ich dich so erziehe, wie ich es tue. Ich denke sogar manchmal, dass ich nicht einmal das Recht habe, dich zu erziehen. Anstatt also über etwas zu reden, was von Bedeutung ist, anstatt mich dir gegenüber verletzlich zu zeigen, drehe ich einfach auf und versuche wieder, der bessere Mann zu sein. Ergibt das einen Sinn?«

»Ja. Das ist echt verkorkst, Dad.« Sie schenkt ihm ein halbes Lächeln.

»Jap.«

»Aber ich versteh schon. Ich habe ähnliche Sachen auch schon mit meinen Freunden abgezogen. Aber nicht so schlimm!«

Sie schenkt ihm die andere Hälfte des Lächelns.

Es wirkt, als spräche er zum See. »Die Podcast-Frau macht mich fertig.«

»Hast du jemals mit ihm darüber geredet?«

»Mit wem?«

»Sean.«

»Nein. Ich weiß nicht mal, wo er dieser Tage so ist. Wie traurig ist das denn?«

Es ist für eine Minute still zwischen ihnen. Beide haben schwer daran zu knabbern, worüber gerade gesprochen wurde.

»Also, was hat sich geändert?«
»Was meinst du damit, Madison?«
»Du blickst zurück und hasst, was du getan hast. Also, was hat sich geändert?«
»Du meinst so was wie mein Motiv?«
»Ja, ich denke schon.«
»Ich schätze, im Laufe der Zeit und mit meinem Glauben an Jesus habe ich erkannt, dass ich eher die Menschen lieben möchte, als nur zu gewinnen. Dass gewissermaßen Menschen zu lieben der Weg ist, der bessere Mann zu sein. Aber ich habe lange Zeit auf die andere Weise gelebt, also ist es ähnlich wie mit feuchtem Zement. Wenn ich denke, dass ich Fortschritte mache, vermassele ich alles wieder.«
»Danke, Dad.«
Jim und Madison sitzen still am Wasser. Manchmal *ist* Schweigen Gold.

Sie sind zwar fast 1000 Kilometer von zu Hause entfernt, doch Jim und Madison sind miteinander so zu Hause wie nie zuvor.

IN DER EPISODE

»Konsequente Entscheidungsfindung.« Stimmt, das ist wahrscheinlich kein Ausdruck, den einer von euch in letzter Zeit – oder jemals – in der Kassenschlange im Supermarkt gehört hat. Aber wir alle wissen, was es bedeutet: Jede Entscheidung ist mit einer Konsequenz verbunden. Keine Entscheidung findet im luftleeren Raum statt. Und die Folge einer Entscheidung wird immer einen von euch und eine weitere Person betreffen. Vielleicht sogar noch viele weitere Personen.

Umstände präsentieren sich jeden Tag neu. Und jeder Umstand bietet Gelegenheiten. Aber nicht jede Gelegenheit kommt von Gott.

Wenn es, um die Ziele Gottes zu verfehlen, nichts weiter braucht, als sich von einer Gelegenheit verführen zu lassen, dann wird alles Dunkle zum Schlucken des Köders drängen. Es gibt keine Garantie, dass eine Gelegenheit mit Integrität, Treue oder Gottes Absicht verbunden ist. Wer unreif ist, wird sich eher für das entscheiden, was Belohnung, Status und Wichtigkeit zu bringen verspricht, auch wenn es die eigene Integrität kostet.

Das heißt, ich muss in jeder Situation feststellen: »Was will ich wirklich?« Was ich wirklich »will«, ist mein Motiv. Mein Motiv führt zu Bewegung, zu Handlung. Als Jim mit Madison am See saß, nahm er Kontakt zu dem Motiv auf, das es ihm ermöglichte, seinem besten Freund die Freundin auszuspannen. Er wollte beweisen, dass er der »bessere Mann« war. Er wollte beweisen, dass er mehr Mann war, indem er einem anderen Mann dessen Beziehung wegnimmt. Wenn Jims Motiv gewesen wäre, seinen besten Freund zu lieben, hätte er die Beziehung seines Freundes geachtet.

Jim, der mit Madison durch seine eigene Geschichte stolperte, half ihr schließlich, die Motive für ihr eigenes Handeln, zu entdecken und mit ihnen in Kontakt zu treten.

Wenn ihr anfangt, eure eigenen Überzeugungen zu ergründen, macht ihr euren Kindern damit ein erstaunliches Geschenk. Eltern haben das großartige Privileg, ihren Kindern bei den Fragen nach dem Warum zu helfen. Denn im Vergleich zu der Frage »Was hast du getan?« ist »Was glaubst du, warum du es getan hast?« die sehr viel bessere, weil es eine Motivfrage ist. Warum-Fragen zu stellen, verschiebt das Gleichgewicht der Welt in Richtung Güte. Doch wenn wir nicht bereit sind, die Frage in unserem eigenen Leben zu beantworten, werden wir nie das Recht erwerben, sie im Leben eines anderen zu stellen.

Unser Vorbild dabei ist Jesus. Er vertraute sich selbst Gott an, damit er uns dienen konnte. Er tat alles, was er konnte, zu unserem

Vorteil. Das ist unser wunderbares Beispiel für diejenigen von uns, die ihre Hoffnung auf ihn gesetzt haben.

Der Prozess der konsequenten Entscheidungsfindung führt bei unreifen Eltern zur Vermeidung. Die Unreifen sehen sich meist als Opfer ihrer Entscheidungen statt als Verantwortliche für ihre Entscheidungen. Wenn Eltern ihre eigene persönliche Entwicklung meiden, sind sie weniger in der Lage, ihren Kindern den Prozess der konsequenten Entscheidungsfindung beizubringen. Anstatt engagierte Beschützer zu werden, werden sie zu Managern, die weniger fähig sind, ihre Kinder in deren Zukunft zu führen.

Habt keine Angst, eure Kinder in die Geschichten eurer Fehlentscheidungen einzuweihen. Während ihr eure Lebensgeschichten erzählt – das Gute und das Schlechte und das Hässliche –, könnt ihr ihnen vermitteln, wie ihr die Folgen eurer Entscheidungen einschätzt. Dabei schützt ihr sie, indem ihr sie erfahren lasst, was wirklich passiert ist und warum. Ausgehend von eurer ehrlichen Schilderung der Ereignisse und Konsequenzen eurer Entscheidung werden sie in die Lage versetzt, einen neuen Weg vorwärts zu sehen, auf dem sie davon befreit sind, das zu wiederholen, was euch geschadet hat.

Hier folgt eine großartige Übung, die ihr mit eurem Kind machen könnt:

Elternteil zu Kind (das heißt, die Eltern fangen an):
- Erläutere eine Situation, in der du eine Fehlentscheidung getroffen hast.
- Warum glaubst du, dass du diese Entscheidung getroffen hast?
- Woher wusstest du, dass es eine Fehlentscheidung war?
- Wie bist du mit den Folgen der Fehlentscheidung umgegangen?

Kind zu Elternteil (das heißt, das Kind antwortet):
- Wann hast du das letzte Mal eine Fehlentscheidung getroffen?
- Warum glaubst du, dass du diese Entscheidung getroffen hast?
- Woher wusstest du, dass es eine Fehlentscheidung war?
- Hast du die Fehlentscheidung wiedergutgemacht?
- Wie hast du reagiert, als deine Eltern von einer Fehlentscheidung ihrerseits erzählt haben?

Dieser Austausch wird einige Zeit in Anspruch nehmen. Und die Geschichten über unsere Lebenserfahrungen müssen je nach Alter des Kindes unterschiedlich erzählt werden. Nicht alle Kinder sind anfangs begeistert, von den Fehlern ihrer Eltern zu hören, wenn solcherlei Schwächen bisher nie gezeigt wurden. Sie wollen vielleicht wissen, warum es ihnen bisher vorenthalten wurde. Aber mit zunehmendem Alter sehnen sich alle Söhne und Töchter danach, dass ihre Eltern die Wahrheit über sich erzählen. Sie warten darauf, die Einschätzung der Folgen von ihren Eltern zu hören. Denn sie wissen von Natur aus, dass sie sich den gleichen Entscheidungen nähern. Und sie müssen gründlich darüber nachdenken, wie sie Gott-zentrierte Motive entwickeln können, die lebensspendende Werte schaffen, die wiederum in lebensbefreiendes Verhalten münden.

Dies ist eine große Chance für eine Mutter oder einen Vater, dem zu vertrauen, was Gott tut, und abgedroschene, manipulative, supergeistlich klingende Antworten zu vermeiden. Zum Beispiel: »Und dann sah dein Vater seinen Fehler ein. Und das war der Tag, an dem er mit dem Rauchen aufhörte. Und er spendete das ganze Geld, das er vorher für Zigaretten ausgab, an ein Waisenhaus in Bogotá. Und Gott hat ihn dafür finanziell gesegnet. Und so sind deine Eltern zu einem schönen Boot gekommen. Deshalb solltest du deiner Mutter und deinem Vater bei allem gehorchen, was sie sagen oder tun.«

Macht das nicht. Niemals.

Oder: »In meiner Schulzeit, obwohl alle anderen am Wochenende unterwegs waren und Böses taten, machte ich nicht mit. Ich gehorchte Gott und meinen Eltern, weshalb ich zu Hause blieb und die Bibel las. Oft schrieb ich an jenen Abenden Briefe an die Invaliden und bügelte meine eigenen Sachen. Ich kann mich an keine Zeit erinnern, in der ich meinen Eltern nicht gehorchte. Außer vielleicht, wenn ich weiter Briefe an die Invaliden schrieb, obwohl es Schlafenszeit war und ich das Licht ausschalten sollte.«

Wir übertreiben in diesen beiden Beispielen ein wenig, aber nur ein wenig. Wir haben solche Beispiele fast wörtlich über die Lippen von Eltern kommen hören.

Eltern, die ihre Geschichte nur durch die verherrlichende Brille geistlicher Opfer und überragender Hingabe an Gott erzählen können, haben am Ende Kinder, die nur Scham und Versagen empfinden, wenn sie nicht mit einem solchen eisernen Sieg auf das Leben reagieren können. Und dann, wenn sie später herausfinden, dass ihre Eltern nicht wirklich mit so einem übertrieben heldenhaften Glauben dem Leben begegnet sind, ist es zu spät. Das Kind fühlt sich verloren, ahnungslos, wie es das wahre Leben bewältigen soll. Es muss dringend die Geschichten darüber hören, was Gott schon getan hat und was noch zu tun bleibt. Das ist die Gabe authentischen Glaubens. Gott liebt gute Geschichten. Und eine gute Geschichte bedeutet die *ganze* Geschichte.

ZURÜCK ZU EPISODE 9: IM RING MIT DEN STIEREN DER REALITÄT

Inzwischen ist Aiden zurück im Aluminiumboot, wieder vereint mit seiner Kappe, und setzt atemlos das Abenteuer mit seiner Mutter mitten auf dem Convict Lake fort.

Sarah starrt ihren klatschnassen Sohn an. Sie wird plötzlich von einem Gefühl überwältigt, das sie seit Langem nicht mehr empfunden hat. Ihre Wangen schmerzen vor Lachen.

Es ist keine zwei Wochen her, da hatte Sarah im Sand von Newport Beach gesessen und, so wie jetzt, ihren Sohn angesehen. Sie war voller Bedauern und Scham darüber gewesen, dass sie nicht wusste, wie sie ihre Kinder richtig lieben sollte. Sie hatte sich überführt gefühlt, wie ihre Mutter mit Anordnungen um sich zu werfen, anstatt das Beste in ihren Kindern hervorzurufen.

Seit der letzten Stunde ist der Ort im Universum, an dem Sarah am liebsten sein möchte, *genau hier*. Und die Person, mit der sie am liebsten zusammen sein möchte, sitzt *ihr direkt gegenüber*. Und dies ist genau das, was sie gerade tun will.

Es ist ein atemberaubender Gottesmoment, wenn man entdeckt, dass man nicht der ist, der man fürchtete zu sein. Stattdessen bist du der, der du fürchtetest, vielleicht niemals zu sein – ein echter, ehrlicher, unverstellter Liebender. Alles, was es braucht, damit dieser Augenblick geschieht, ist zu glauben, dass Gott es so gemacht hat.

Später am Abend sind die Clawsons wieder in der Wohnung und packen für einen frühen Aufbruch zurück nach Phoenix. In den letzten zehn Tagen ist so viel Gutes passiert. Jeder von ihnen genießt diesen letzten Abend und die Freiheit, ihn nach eigenen Vorstellungen zu verbringen.

Wenn Gott auf so wundersame Weise in eine Familie eingreift, ist das den Nachwirkungen einer Narkose nach einer Operation nicht unähnlich. Da ist dieses wunderbare, medikamentös erzeugte Wohlgefühl, das die Menschen einlullt und glauben lässt, dass der Rest ihres Lebens schmerzfrei bleibt.

Bis die Narkose abklingt.

Wenn die heutigen Wunder mit der Realität von morgen verschmelzen, entdecken die Erwachten, dass sie noch immer Muster, Geschichten, Reaktionsmechanismen und Wunden tragen. Und die verschwinden nicht stillschweigend – nicht durch gute Lehre und auch nicht durch außergewöhnliche Gottesmomente.

Es beginnt mit einer unschuldigen Bemerkung. Jim und Sarah sind beim Packen, und Jim, der als Folge seines Gesprächs mit Madison früher am Tag immer noch ganz begeistert ist, sagt spontan:

»Ich wünschte, du hättest uns heute bei unserem Gespräch zuhören können.«

Es folgt eine unbedachte Antwort, die von Sarahs reflexartigem Misstrauen gegenüber Jims Umgang mit Madison herrührt.

»Bist du sicher, dass sie das auch so empfand?«

»Bitte?«

»Nichts.«

»Sarah, was sollte das bedeuten?«

»Das weißt du genau.«

»Nein, tue ich nicht. Was meintest du damit? ›Bist du sicher, dass sie das auch so empfand?‹ Warum hast du das gesagt?«

»Jim, es war bestimmt gut.«

Jim wartet, bis Sarah Augenkontakt aufnimmt.

»Ich mache es nie richtig, oder? Und du bist nur allzu bereit, das mit solchen Sticheleien ständig hervorzuheben.«

»Jim, hör auf damit. Ich will das nicht. Wir hatten einen schönen Tag. Wir hatten eine wirklich gute Reise.«

»Und?«

»Und ich will nicht mit dir streiten. Lass es einfach gut sein. Es tut mir leid, dass ich was gesagt habe. Ich bin mir sicher, du hattest ein gutes Gespräch mit Madison.«

Doch es ist zu spät. Die Sicherung ist rausgeflogen. Jim schluckt den Köder.

Genau wie in Newport Beach und so viele Dutzend Male davor. Nichts, was sie bisher erfahren haben, war genug, um ihrem Glauben zu erlauben, diesen unheilvollen Kodex zu brechen und dem Wahnsinn in ihrer Beziehung Einhalt zu gebieten. In der alten Form des Umgangs miteinander gibt es keinen Ausweg aus dieser Art der Interaktion, bis das Gift vollständig aufgebraucht ist.

»Eine gute Reise, aber es hat sich nichts geändert, oder, Sarah? Es ist immer noch das Gleiche. Du bist der gute Elternteil. Ich bin ein Monster. Gott, ich hasse das.«

»Jim, wir haben schon hundertmal darüber gesprochen. Du wirst grob zu den Leuten. Wie zu deinen Kindern. Wie zu mir gerade jetzt. Du fühlst dich nicht respektiert. Aber es geht nicht um uns. Es geht um dich, Jim.«

Laut sagt Jim: »Das ist nicht wahr.«

»Und los geht's. Du wirst laut und gewinnst. Und wir alle verlieren.«

Das. Genau da. Diese Bemerkung, spitz wie ein Messer. Mit ihrer Sicht seines Versagens sticht sie auf ihn ein. Mit unaufhaltsamer Schnelligkeit und Wiederholung, sie ist darin geübt.

Und in einem Atemzug löst sich bei Jim jede Objektivität auf. Er sagt Worte, die er nicht mehr zurücknehmen kann.

»Willst du mich verarschen? ›Wir alle verlieren‹? Oh wow, diesen Satz habe ich ja noch nie gehört, Sarah. Das ist wahnsinnig originell. Vielen Dank für deinen erleuchteten Schwachsinn. Was würde ich nur ohne dich machen? Oh, ich weiß, vielleicht hätte ich eine

Chance, mich geliebt zu fühlen. Gott, ich glaube wirklich, dass es dir Spaß macht, das Messer reinzustecken und die Klinge rumzudrehen.«

Sie ist fassungslos.

Das sind sie beide.

Es ist nicht das erste Mal, dass sie solche Worte gehört hat. Aber im Lichte der letzten zwölf Tage fühlt sich dieses Mal besonders düster an.

»Ich mag dich nicht, Sarah.«

»Botschaft angekommen, Jim, laut und deutlich. Oh, vergiss nur nicht, dass dir niemand in dieser Familie vertraut. Alles klar?«

Sie stehen auf verschiedenen Seiten des Bettes, nun voneinander abgewandt. Sie hält immer noch mehrere Paar zusammengefaltete Shorts in den Armen, als stünden sie für das Einzige, über das sie noch Kontrolle hat.

Schnelle, laute, irrationale Gedankenschnipsel dazu, wie sie aus dem Ganzen herauskommt, schwirren ihr durch den Kopf: *Ich werde still sein, bis wir nach Hause kommen. Dann, am Montag, werde ich einen Scheidungsberater anrufen. Ich werde mit den Kindern reden. Nein, Jim kann mit den Kindern reden. Er kann erklären, womit er das verursacht hat. Ich will jedenfalls raus. Ich werde mich nicht länger so kontrollieren lassen.*

Jim schäumt vor Wut. Nach ihrer Gemeinheit fühlt er sich in dem, was er gesagt hat, völlig bestätigt. Er denkt: *Ich habe versucht, alles zu tun, was sie von mir wollte. Aber wie immer ist es nie genug.*

Keiner von ihnen ist zur Schlichtung bereit. Jim überlegt, wo er heute Nacht in dieser beengten Wohnung schlafen wird. Ganz sicher nicht in einem Bett mit Sarah.

Dann, in wiederum nur einem Atemzug, passiert es. Gott greift ein.

Jim entdeckt einen bisher unerschlossenen Ort in sich, in den er hineingreifen und etwas Stärkeres hervorholen kann. Es geschieht fast unwillkürlich. Aber es ist die direkte Frucht eines wachsenden Vertrauens in Gott, das auf dieser Reise in Jim neu entfacht wurde.

In einer Reihe kurzer Momentaufnahmen sieht er zunächst eine Wiederholung des Moments in Sausalito, als er Aiden vor der Lieblosigkeit seines eigenen Vaters beschützte. Dann seine Wanderung mit Madison auf dem Pfad hinter Allisons Haus, wo er beschloss, mit seinem Dominanzgehabe aufzuhören und zuzugeben, dass er nicht weiß, was er sagen oder tun soll. Er sieht Allison in seine Augen schauen, während er beschreibt, welchen Einfluss sie auf seinen Glauben hat. Er sieht, wie Madison ihm am anderen Ende des Convict Lake »Danke« sagt.

Überzeugungen, die sich an Motive knüpfen, bilden sich nun im Kern seines Herzens.

Diese Worte aus Galater 2,20 (SLT) erreichen ihn und ergießen sich über ihn: »*Ich bin mit Christus gekreuzigt; und nun lebe ich, aber nicht mehr ich [selbst], sondern Christus lebt in mir. Was ich aber jetzt im Fleisch lebe, das lebe ich im Glauben an den Sohn Gottes, der mich geliebt und sich selbst für mich hingegeben hat.*«

Dann diese Gedanken: *Ich muss es nicht immer so weit kommen lassen. Ich bin Christus in Jim Clawson. Ich kann lieben, genau jetzt. Tu es, Jim. Tu es. Sag ihren Namen.*

Jim dreht sich um. Er ruft leise: »Sarah«. Er wartet, bis sie sich umdreht, was nicht sofort geschieht.

»Sarah, es tut mir so leid. Was ich gerade gesagt habe, das ist so falsch. Das ist nicht, was ich will. Das ist nicht, was ich bin. Ich liebe dich, Sarah. Du wirst das im Moment vielleicht nicht glauben. Aber ich glaube, *dass* du mich liebst. Du hast Recht. Ich drehe auf. Ich mache dir Angst. Es geht um mich. Gott, bitte hilf mir, deiner

Kraft zu vertrauen, damit ich aufhöre, Sarah so zu verletzen. Bitte hilf mir. Ich möchte glauben, dass ich die Person bin, als die du mich bezeichnest. Und ich will, dass es mehr als nur Worte sind. Es tut mir so leid.«

Sarah war schon öfter an dem Punkt. Sie hat schon wohlformulierte Entschuldigungen von Jim gehört. Sie kommen, wenn er merkt, dass er zu weit gegangen ist. Und er ist zu weit gegangen. Sie ist weit darüber hinaus, nur wütend zu sein. Sie ist gefasst und entschlossen. Dennoch ist jetzt etwas anders – etwas an der Art und Weise, wie er das eben Gesagte gesagt hat. Sie muss nur lange genug in sich gehen, um zu klären, was momentan geschieht. Sie will gerade antworten, als sie Madison hört.

»Mum? Dad?«

Die Schlafzimmertür, von der Jim dachte, er hätte sie zu Beginn des Streits geschlossen, steht jetzt weit offen. In ihr stehen Madison und Aiden.

Madison sagt: »Wir haben alles gehört. Alles.«

Die Clawsons stehen am Rande großer Entscheidungen. Von hier aus ändert sich alles. Für jeden von ihnen steht viel auf dem Spiel. Alle vier müssen ihre Rolle auf dieser Reise anerkennen und ihren Teil beitragen.

In den meisten Familien in einer solchen Situation ziehen sich die Kinder zu Recht in ihren eigenen Schmerz zurück und tun so, als wären diese letzten zehn Minuten nie passiert. Sie hätten nie die Tür geöffnet und nie zugegeben, dass sie den Streit gehört haben. Sie würden ihre Angst und ihre eigene Scham wegdrücken. Sie wären beide noch überzeugter davon, dass ihre Eltern nicht mit ihnen umgehen können. Von diesem Zeitpunkt an würden sie im Alleingang handeln.

In den meisten Familien in einer solchen Situation würden die Eltern versuchen, den Ernst des Gehörten herunterzuspielen. Sie würden den Kindern eine Versöhnung vorspielen. Aber niemand würde sie abkaufen, und die Kinder würden ihren Eltern weniger vertrauen, weil letztere bereit sind, die Wirklichkeit vor ihnen zu verbergen.

Doch heute ist Licht eingedrungen. Demut und Vertrauen in die Kraft und den Charakter Gottes wurden entdeckt. Die Samen von Erlösung und verletzlicher Ehrlichkeit wurden gepflanzt. Und die Freiheit zur Liebe wächst.

Was als Nächstes passiert, wird so befremdlich sein, wie es diese Familie noch nie zuvor erlebt hat. Aber es wird auch erstaunlich übernatürlich sein. Nichts zwischen Jim und Sarah ist gelöst. Aber das ist etwas ganz anderes, als die Sache zuzudecken wie in Newport Beach. Das ist keine Verleugnung. Das ist eine Familie im Ring mit den Stieren der Realität.

Aiden und dann Madison bewegen sich langsam Richtung Bett und klettern darauf. Jim und Sarah gesellen sich zu ihnen, wobei jeder auf einer Seite sitzt.

»Es tut mir so leid, dass ihr beide das hören musstet«, sagt Sarah.

Nach einem Moment spricht Aiden zuerst. »Dad, du hast mich erschreckt.«

Bevor Jim antworten kann, sagt Madison: »Ich habe euch beide das noch nie tun hören.«

»Du hast uns noch nie streiten hören?«

»Nicht so. Nicht so ernsthaft.«

Als sie diese Worte sagt, fängt Madison an zu weinen.

In vielen Familien *wurde ein chaotisches, aber schönes Beziehungsleben durch ein bereinigtes und technikgesteuertes ersetzt.*

In diesem Moment beobachten wir das genaue Gegenteil. Das bereinigte, technikgesteuerte Leben wird durch das chaotische, aber ausnehmend schöne Beziehungsleben ersetzt.

Es begann vor einigen Tagen als vorsichtiges und kaum verstandenes Experiment des Vertrauens zweier Elternteile. *»Weil Gottes Hauptziel darin besteht, mein Vertrauen zu gewinnen, damit er mich lieben und mich immer reifer werden lassen kann, mein Verhalten korrigieren und mein Leben befreien kann, werde ich versuchen, meinen Kindern dasselbe zu bieten.«*

Die Clawsons sitzen zusammen auf dem Bett, bis spät in die Nacht. Sie wechseln ihren Platz, setzen sich auf Stühle oder gehen auf und ab, während jeweils ein anderer redet. Die Kinder stellen schwierige Fragen:

»Liebst du Mum?«
»Mum, warum bist du so gemein zu Dad?«
»Wollt ihr beide euch scheiden lassen?«
»Dad, hast du Mama beschimpft?«
»Hattet ihr schon viele solcher Streite?«

Jim und Sarah versuchen direkte, altersgerechte, doch gleichzeitig genaue und mitfühlende Antworten zu geben. Beide nehmen sich die Zeit, alles zu beantworten, und fragen dann, ob sie ihre Fragen beantwortet haben.

Dann probieren Jim und Sarah in Anwesenheit von Madison und Aiden eine holprige Form der Buße und Vergebung für das, was gesagt wurde.

Im Moment reicht es, dass Jim sagt: »Ich weiß nicht, wie ich das richtig machen soll. Aber, Sarah, es tut mir leid, dass ich dich verletzt habe. Würdest du mir bitte sagen, was ich getan habe? Ich will alles eingestehen. Bitte halte nichts zurück.

Sarah hält nichts zurück. Sie schüttet ihre Traurigkeit aus, nicht nur als Folge dieses Streits, sondern auch Jims früherer Kontrolle und mangelnder Bereitschaft, sich jemals im Zaum zu halten. Sie sagt es mit Mut und Ehrlichkeit, als wären die Kinder nicht einmal dabei.

Aber dann sagt sie: »Als ich hier saß und zuhörte, merkte ich, Jim, dass ich dir nicht vergeben habe. Und es hat mich ungesund gemacht. Ich habe dir Sachen vorgeworfen, die gar nicht zutreffen. Ich gebe dir wenig Anerkennung, wenn du richtig liebst. Ich habe mich von dir entfernt. Es tut mir sehr, sehr leid. Ich weiß nicht, ob du dich jemals ändern wirst. Aber ich weiß, dass ich mich nicht zum Richter über dich aufwerfen sollte. Das ist Gottes Aufgabe. Er muss derjenige sein, der mich in der Zwischenzeit beschützt. Also habe ich vor ein paar Minuten, während du mit den Kindern gesprochen hast, beschlossen, dir zu vergeben. Ich bin fertig damit, dein Polizist zu sein. Gott kann den Schutz und die Überführung übernehmen. Ich bin es leid, mich schlecht zu fühlen. Und ich schwöre, obwohl ich es vielleicht bereue, das gesagt zu haben ... Ich entscheide mich, dich zu lieben, Jim.«

Jim geht langsam um das Bett herum zu Sarah. Sie steht auf und er hält sie. Und er fängt an zu weinen.

Jim weint selten. Jim weint vor allem nicht vor seinen Kindern. Jim hat noch nie geweint, während seine Familie ihm auf dem Bett sitzend dabei zusehen konnte.

Doch heute Abend kann Jim weinen. Zwischen Schluchzen, Taschentüchern, Schlucken und Worten, die nur sehr langsam kommen, stottert er: »Es tut mir leid, für euch alle. Ich habe versucht, uns zusammenzuhalten, mithilfe, ich weiß nicht, meiner Macht und Richtigkeit. Ich habe nicht zugelassen, dass ihr mich wirklich kennt. Und ich habe euch dazu gebracht, Groll zu empfinden und gegen Regeln und Kontrolle zu rebellieren. Es tut mir leid, wie sehr ich jeden von euch verletzt habe. Ich weiß nur, wie falsch ich lag. Aber ich weiß noch kaum etwas darüber, wie man es anders macht.

Sarah, du hast es nicht verdient, von mir abgewertet zu werden. Du bist eine wunderschöne Frau, Mutter und Ehefrau. Ich kann die Worte von heute Abend nicht zurücknehmen. Aber ich will mir neue aneignen. Ich höre zu. Bring mir bei, wie ich dich richtig lieben kann. Ich liebe dich so sehr. Es tut mir leid, dass ich dir das Gefühl gegeben habe, ungenügend oder dumm oder schwach zu sein.« Er versucht, weitere Worte zu finden, aber sie kommen nicht.

Sarah wartet einen Moment, bevor sie spricht. Dann sagt sie Worte, die jeden im Raum überraschen, vielleicht am meisten sie selbst. »Nein, Jim. Das kann nicht so wie immer enden. Die Worte, die du gesprochen hast, waren falsch. Sie haben mich verletzt und sie werden mir nicht so leicht aus dem Kopf gehen. Aber ...« Sie seufzt und wendet sich ab, dann wieder ihm zu. »Jim, das war genauso ich wie du. Ich provoziere und schikaniere und reize, bis du das sagst, was dich zum Buhmann macht. Das ist meine Art, und ich habe sie perfektioniert. Ich habe auf diese Weise gestritten, solange ich mich erinnern kann. Kinder, ihr habt mich dabei gesehen. Ich gewinne, aber der Kampf ist nicht fair. Jim, ich habe vor einer Minute beschlossen, dir zu verzeihen. Kannst du mir bitte verzeihen? Es tut mir wirklich leid. O Gott, es tut mir leid. Ich habe noch nie etwas davon zugegeben. Jim, bitte vergib mir.«

Jetzt weint auch sie.

Mehr wird nicht gesagt, von niemandem. Die ganze Familie weiß, dass sie sich heute Abend mehr durchgearbeitet haben, als sich einer von ihnen vor Beginn dieser Reise je hätte vorstellen können. Sie umarmen einander und die Kinder verlassen leise den Raum.

Zu einem früheren Zeitpunkt der Reise hatte die Frau in dem Podcast Folgendes gesagt:

»*Zieht den neuen Menschen an, der nach dem Bild Gottes geschaffen ist in wahrer Gerechtigkeit und Heiligkeit!*« *(Epheser 4,24 EÜ). Wenn wir der Wahrheit darin vertrauen können, wird sie alles, was als Nächstes kommt, radikal verändern.*

Das verändert unseren ganzen Erziehungsansatz. Das ändert, wie wir glauben, dass Gott uns sieht. Das verändert unser Selbstverständnis. Das verändert, wie wir unsere Kinder sehen. Das verändert, wie sie sich selbst sehen können. Den neuen Menschen anzuziehen erlaubt uns, uns selbst und unsere Kinder als Heilige und nicht als gerettete Sünder zu sehen. Außerdem ermöglicht es uns, uns an Christus in uns zu wenden, um gute Eltern zu sein und zu lernen, wie wir die neue Natur in unseren Kindern ansprechen können. Und wenn unsere Kinder noch nicht gläubig sind, dient es als Beispiel für ein Leben, in dem man Gott vertraut, damit unsere Kinder echten Glauben erkennen, wenn die Zeit kommt.«

In dieser Nacht probierten die Clawsons den neuen Menschen an. Sie alle haben dieses neue Selbst schon von dem Moment an besessen, als sie ihre Hoffnung auf Jesus setzten. Doch jetzt hat diese Familie einen neuen Grundzustand. Diese Familie hat eine neue Lebensweise erfahren. Diese Familie hat die Kraft erlebt, die freigesetzt wird, wenn Gott auftaucht. Ihre Mitglieder haben erfahren, dass sie selbst an ihrem schlimmsten Tag tatsächlich heilig und gerecht sind, mit Jesus vereint, in der Lage, hingebungsvoll zu lieben. Die Generationenmuster dieser Familie wurden radikal verändert. Diese Familie ist dabei zu lernen, wie man vertraut.

EPISODE ZEHN
EINER, DER ÜBER MICH WACHT

Ihr wünscht euch wahrscheinlich, dass ihr Mäuschen spielen könntet, einige Monate nachdem die letzte Episode endete. Gut, euer Wunsch sei uns Befehl.

Sieben Monate später:

Es ist 18:08 Uhr. Jim kennt die genaue Uhrzeit, weil er sein Telefon die letzten zwanzig Minuten gefühlt jede Minute kontrolliert hat. Madison sollte vor über einer Stunde zu Hause sein. Sie ist nicht ans Telefon gegangen. Sarah hat aufgehört, ihr Abendessen warmzuhalten. Sarah hat mehrere von Madisons engsten Freunden angerufen, doch niemand scheint zu wissen, wo sie ist. Aiden ist bei einem Freund zu Hause, mit dem er später zur Jugendgruppe in der Kirche gehen will. Sie hat auch dort angerufen, um herauszufinden, ob er etwas gehört hat. Bisher nichts.

Jims Unruhe hat sich erst in Besorgnis, dann in Frustration, dann in das Gefühl, missachtet zu werden, und schließlich in Angst verwandelt. Inzwischen ist er bei einer Mischung aus Wut, Missachtung und Angst angelangt.

»Sie weiß, dass sie anrufen soll, wenn sie später kommt. Wenn wir etwas klargestellt haben, dann das.«

»Jim, wir wissen nicht, was los ist. Sie wird nach Hause kommen. Sie hat vielleicht einfach die Zeit aus den Augen verloren. Vielleicht hat sie ihr Handy verlegt oder so.«

»Das wäre nachvollziehbar, wenn sie die Einzige in Phoenix wäre, die ein Telefon hat. Wenn sie nicht von Terroristen festgehalten wird, könnte sie das Telefon eines anderen benutzen, um uns anzurufen.«

»Mach das nicht, Jim.«

»Was nicht machen?« Dann lauter: »*Was* nicht machen?« Jim ist auf Streit aus. Aber die Person, mit der er streiten will, ist seit einer Stunde und zehn Minuten überfällig und hat das Abendessen verpasst.

»Du machst es schon wieder.«

»Was mache ich schon wieder? Mich wegen meiner Tochter zu sorgen?«

»Wir alle sorgen uns um sie. Nicht nur du.«

Jim schaut noch einmal auf seine Uhr: 18:12.

Was die Sache noch heikler macht: Jeff hat erst vor zwei Wochen seinen Führerschein bekommen. Keiner von ihnen sagt das Offensichtliche: *Was ist, wenn es einen Unfall gegeben hat?*

Es ist 18 Uhr 17, als sich die Tür öffnet. Sowohl Sarah als auch Jim eilen ins Wohnzimmer und sehen Madison in der Tür stehen.

Jim hat seine Strafpredigt schon vorbereitet. Doch diese Worte haben keine Chance.

(Ihr möchtet wohl gern wissen, warum Jims Predigt nicht zum Einsatz kam. Also dann, noch mal, ganz wie ihr wünscht.)

Einige Monate zuvor, ein paar Tage nach einem unschönen Wortwechsel, entschied sich Madison, Allison über Skype anzurufen.

»Grandma, es war schlimm. Er hat es wieder getan.«

»Erzähl mir die Einzelheiten, Madison.«
»Er ist hochgegangen. Vor meiner Freundin und Mama und Aiden.«
»Das tut mir so leid.«
»Ich dachte, es würde anders werden. Aber ich weiß nicht, ob sich wirklich viel verändert hat.«
Nachdem sie Madison noch ein wenig länger zugehört hatte, antwortete Allison: »Liebling, ich habe eine Idee. Du kannst nein sagen, wenn du willst. Hol mal einen Stift und Papier, okay?«
»Gib mir eine Sekunde. Ich bin gleich wieder da.«
Madison verschwand kurz aus dem Bild und kam dann mit einem Notizblock und Stift wieder zurück.
»In Ordnung, ich denke mir das gerade erst aus. Aber lass uns Folgendes probieren. Wenn wir diesen Anruf beenden, möchte ich, dass du deinen Vater bittest, in dieser nächsten Woche einen Abend zu finden, an dem ihr beide frei habt. Als Erstes an dem Abend fahrt ihr durch den Drive-in von irgendeinem Fast-Food-Schuppen und besorgt euch etwas für die Fahrt. Ihr werdet eine Weile unterwegs sein. Du darfst das Essen aussuchen. Schreib das auf.
Keine Musik. Kein Radio. Kein gar nichts. Ich glaube, die Stadt heißt Apache Junction. Gibt es ein Apache Junction da draußen?«
»Ja, weit draußen in der Wüste.«
»Perfekt. Schreib das auf. Sag ihm, dass ihr beide hin- und zurückfahren werdet. Und lass deinen Vater wissen, dass ich diejenige bin, von der du diese Idee hast. Wenn es schiefgeht, kann er sich an seine Mutter wenden.«
»Verstanden.«
»Also, schreib das auf. Ich möchte, dass ihr euch gegenseitig folgende Frage stellt: ›Welche eine Sache könnte ich tun, um dein Vertrauen zu gewinnen?‹ Nur dass er fragen muss: ›Welche drei Sachen könnte ich tun?‹ Alles klar so weit?«

»Ich denke, ich hab's kapiert, Grandma. Eine für mich, drei für Dad.«
»Ach ja. Die folgende Frage ist nur für dich, um darüber nachzudenken. Würde dein Vater etwas von deinem Vertrauen gewinnen, wenn er sich nur einmal von dir beschützen ließe, bevor er explodiert?«
»Was meinst du mit ›ihn beschützen‹?«
»Wenn er nur einmal glaubte, dass du dich zurückhalten würdest, wenn er nicht die Beherrschung verlöre. Wenn du nur einmal die Möglichkeit hättest, ihn aufzuhalten, und er dich lassen würde.«
»Ich kann mir nicht vorstellen, dass das passiert.«
»Aber was wäre, wenn es eine Möglichkeit gäbe, deinem Vater in den Momenten, wenn er kurz vorm Ausrasten steht, einen Ausweg zu bieten?«
»Ich weiß nicht, Grandma.«
»Versuch es dir vorzustellen. Was würde als Nächstes passieren, Madison? Wenn dein Vater zuließe, dass du ihn kurz vor der Explosion aufhältst?«
»Nun, ich schätze, ich würde ihm nicht die Meinung geigen.«
»Und dann?«
»Und dann, na ja, vielleicht würde er das Predigen lassen. Ich weiß es nicht genau. Es kommt ja nie so weit.«
»Okay. Und was ist, wenn es einen Code gäbe?«
»Was?«
»Einen Code. Eine vereinbarte Formel.«
Dieser Code wäre eine Möglichkeit für Madison, ihren Vater wissen zu lassen, dass sie nicht versucht, ihn herauszufordern oder auszuspielen. Dass er sich zurückhalten könnte und gleichzeitig das Versprechen abgegeben wäre, dass sie darüber reden würden, sobald sie den öffentlichen Raum verlassen könnten, in dem das

Schamgefühl die hässliche Situation noch verstärken kann. Die Formel wäre eine Möglichkeit, ihn aufzuhalten, bevor sein aufgeladener Tornado eine Schneise durch ihr Herz schlägt.

»Warum versuchst du nicht, das auf der Fahrt mit deinem Vater vorzuschlagen?«

Und das tat sie. Als sie auf dem Highway 60 in der Nähe von Apache Junction kehrtmachten, erklärte Madison ihrem Vater, was Allison vorgeschlagen hatte.

»Also würdest du die Formel in dem Moment verwenden, in dem du überzeugt bist, dass ich dir gegenüber gleich die Nerven verliere? Ist es das, was du sagen willst?«

»Ich denke schon.«

»Ich müsste glauben, dass du mich nicht nur austrickst, um dich aus Schwierigkeiten herauszuwinden.«

»Du müsstest mir vertrauen, Dad.«

»Okay, an welche Formel hast du gedacht?«

Madison probierte mehrere aus. Die Atmosphäre im Auto hellte sich auf, während sie beide über die Absurdität der ganzen Sache lachten.

Dann entschied sie sich für eine. Er fand sie gut. Bei dem Gedanken, dass sie diesen Satz jemals tatsächlich benutzen würde, mussten beide erneut lachen.

In diesem Moment spürten sie etwas, das sie so vorher noch nie erlebt hatten. Jim war gewillt oder wollte es zumindest versuchen, sich in den Momenten, in denen sich der schutzloseste Bereich seines Lebens offenbarte, von seiner eigenen Tochter beschützen zu lassen, ohne jedoch von ihr entschuldigt zu werden. Sie lächelten immer noch, als sie an diesem Abend durch die Haustür kamen.

Schutz kommt, wenn ich der schützenden Liebe Gottes in einem vertrauenswürdigen anderen begegne, den ich bitte, im Austausch für seinen Schutz auf mein Leben zuzugreifen.

Und der ganze Himmel wartet darauf zu sehen, ob dies – bei Jim – auch in Echtzeit funktionieren kann.

Inzwischen, Monate später, steht Madison das große Experiment noch immer bevor. Jim hat den Code-Satz sogar längst vergessen. Meistens diente die Sache nur als gute Erinnerung daran, dass die beiden sich offenbar genug für einander interessierten, um an so etwas überhaupt gedacht zu haben.

Aber jetzt, da der Moment gekommen ist, wird es Madison viel Mut abverlangen, es zu versuchen. Sie hat diese Szene die letzten 45 Minuten über geprobt, von dem Moment an, als sie wusste, dass sie zu spät kommen würde.

Was ist, wenn er sie abblitzen lässt? Was ist, wenn er sich über seine Zusage, sich zurückzunehmen, einfach hinwegsetzt? Was, wenn es ihn nicht mehr interessiert und er ihr wieder eine Standpauke hält? Mit den nächsten Augenblicken steht viel auf dem Spiel.

Und dann gibt ein fünfzehnjähriges Mädchen dem Vertrauen eine Chance.

»Dad, ich finde deine Frisur echt dufte.«

Selbstvergessen in seiner angestauten Wut schießt er zurück: »Ich war nicht beim Friseur!«

Unmittelbar bevor er ausrastet, lächelt sie ihn an und versucht es erneut, etwas langsamer. »Ich sagte: Dad, ich finde deine Frisur echt dufte.«

Und dann, in einer Atempause, geht ihm ein Licht auf.

Eine einmal ausgelöste Wutexplosion in Jim aufzuhalten, ist wie einen Abschlag beim Golf mitten in seiner Ausführung stoppen zu wollen. Doch in diesem Moment offenbart sich etwas Stärkeres.

Seine Tochter geht das höchste Wagnis ein, indem sie voraussetzt, dass sie ihrem Vater, wenn er die Gelegenheit bekäme, ihr Herz anvertrauen könnte. Und so wird einem destruktiven Generationenmuster in einem Atemzug ein schwerer Schlag versetzt. Jim Clawson erlaubt seiner Tochter, ihn zu beschützen.

Völlig unvermittelt hört Jim auf. Sarah versteht nicht, was los ist. Ebenso wenig die nächste Person, die das Haus betritt.

Das wäre Jeff.

»Mr. Clawson, bitte lassen Sie es mich erklären!«

Alles bewegt sich in Zeitlupe für Jim. Er antwortet, noch immer völlig fassungslos: »Ja, Jeff, das wäre schön.«

»Mr. und Mrs. Clawson. Das geht alles auf meine Kappe. Wir machten eine Wanderung im Reservat. Ich war derjenige, der sagte, wir sollten unsere Handys zu Hause lassen. Ich weiß. Dumm. Ich habe immer noch keine Ahnung, warum ich das sagte. Wie auch immer, wir verloren die Zeit aus den Augen. Als ich einen Wanderer fragte, wie spät es sei, waren wir schon zu spät und eine Meile vom Auto entfernt. Es tut mir so leid. Madison hatte mir vorher schon immer wieder gesagt, dass wir zurückgehen sollten. Mr. und Mrs. Clawson, ich habe hier wirklich Mist gebaut.«

Sarah bricht die Stille. »Es gibt noch viel Lasagne. Bleib zum Abendessen, Jeff.«

»Danke, Mrs. Clawson. Aber ich bin mir ziemlich sicher, dass ich auch bei mir zu Hause in Schwierigkeiten stecke.«

Jim hat alle möglichen Dinge, die er Jeff in diesem Moment sagen möchte. Doch die einzigen Worte, die er herausbekommt, sind: »Danke, dass du ehrlich zu mir bist, Jeff. Ich glaube dir.«

Jeff winkt Madison zum Abschied zu, dreht sich dann um und eilt zur Tür hinaus.

Es gibt auch alle möglichen Dinge, die Jim in diesem Moment Madison sagen möchte. Doch die einzigen Worte, die er herausbekommt, sind:»Danke, Madison.«

»Gern geschehen, Dad. Tut mir leid, dass ich euch beide Angst gemacht habe.«

Sarah zeigt Madison, wo die Lasagne steht. Jim findet in der Garage etwas zu tun. Und Sarah tut so, als würde sie eine Zeitschrift lesen, wobei sie in Madisons Nähe sitzt.

Als Aiden später abgesetzt wird, haben Jim, Sarah und Madison sich alle schon fürs Bett bereit gemacht. Es wird heute Abend keine Gespräche geben. Sie werden lachen und die Geschichte über den Frisur-Spruch in Zukunft viele Male nacherzählen. Aber heute Abend ist alles noch zu frisch. Keiner von ihnen ist sich überhaupt sicher, was wirklich passiert ist.

Doch Madison, die vor dem Spiegel ihr Haar kämmt, flüstert die Worte:»Danke, Grandma.«

Vor sieben Monaten trieb diese Familie auseinander und wusste nicht, warum oder wie sie den Weg zurück finden sollte. Ihre Mitglieder erlernten ein Muster des Sich-Zurückziehens.

Und dann zeigte sich Gott. Er hat sich schon vorher gezeigt. Er war die ganze Zeit da. Und er wird sich auf dramatische Weise wieder zeigen müssen – oft.

Denn das ist kein endgültiges, siegreiches, glückliches Bilderbuch-Ende. Derartigen Geschichten kann man nicht trauen. Sie existieren nur in Filmen.

Die Clawsons werden einander immer noch verletzen. Jim wird die Güte, die heute Abend erreicht wurde, in nicht allzu vielen Wochen schwer strapazieren. Madison wird bei ihren Entscheidungen mehr als einmal scheitern. Sarah wird die Leistungsdoktrin ihrer Mutter regelmäßig in ihren eigenen Erziehungsmethoden feststellen. Und Aiden. Na ja, Aiden wird Aiden bleiben. Nur mit noch vielschichtigeren Bekleidungsentscheidungen.

Aber der Kurs dieser Familie wurde unwiderruflich verändert. In seiner erstaunlichen Gnade hat Gott eingegriffen.

Trotz ihrer Ungeschicklichkeit und ihrer Fehler gewinnen Jim und Sarah langsam das Vertrauen von Madison und Aiden.

Jim und Sarah lernen zunehmend, die Reise zu genießen.

REFLEXIONSFRAGEN

Was folgt, sind zwei Fragen bzw. Reflexionsanregungen für jede Episode bis auf die letzte. Für diese Episode gilt es nur eine Sache zu ergründen (und die ist ziemlich bedeutend). Wir hoffen, dass ihr diese Fragen durchlest und über eure Antworten nachdenkt. Wenn ihr ein Paar seid, hat es große Vorteile, wenn ihr sie gemeinsam durcharbeitet. Oder vielleicht einzeln und anschließend kommt ihr zusammen, um euch zu besprechen. (Ja, das ist besser, nicht wahr?) Doch dieses Buch und diese Fragen können ebenso gut bei einem Elterntreffen (Ehepaare, Alleinerziehende, Großeltern) verwendet werden. Aber seid gewarnt – eine solche Versammlung könnte chaotisch und echt und schön werden.

EPISODE 1: LERNT DIE ELTERN KENNEN

1. Wenn wir Jim und Sarah kennenlernen, lernen wir in gewisser Weise auch uns selbst kennen, oder? Eltern sind Eltern, Familien sind Familien. Die Details mögen sich unterscheiden, aber es gibt Allgemeingültigkeiten, die für uns alle gleich sind. Suche und unterstreiche ein paar Zeilen in der Geschichte, bei denen du beim Lesen dachtest: *An dem Punkt war ich selbst auch schon.*
2. Bezüglich der Textzeilen, bei denen du dachtest *»Dort stand ich auch schon dutzende Male!«*: Das könnte ein Hinweis auf einen ungelösten Konflikt sein, den du mit dir herumträgst. Dieses Problem stammt von deiner Verletztheit. Denk daran, wenn deine Verletzung nicht identifiziert und behandelt

wird, damit sie erlöst und geheilt werden kann, wirst du diesen ungelösten Konflikt behalten. Und deine Kinder werden dadurch in ihrer Reifung gehemmt.

EPISODE 2: UNTER NEUER LEITUNG

1. Nimm dir eine Minute Zeit und konzentriere dich auf deine Kinder. Kannst du sie sehen? Okay, schön. Jetzt konzentriere dich gut. Wenn du zwischen beidem wählen müsstest, sind sie dann fügsam oder rebellisch? Welche anderen Wörter helfen, deine Gedanken zu beschreiben?
2. Nimm dir jetzt eine Minute Zeit und konzentriere dich auf dich selbst. Schon gut; die Ego-Polizei ist im Moment nicht da, also keine Sorge. Kannst du dich sehen? Mit welchen fünf Wörtern würdest du dich im Moment als Mutter oder Vater beschreiben? Wir machen dir zum Einstieg einen Vorschlag – erschöpft. Stimmt's? Wähle noch fünf weitere und sei ehrlich. Los.

- _____
- _____
- _____
- _____
- _____

EPISODE 3: EINE SACHE DES VERTRAUENS

1. »Als Elternteil gibt es nichts Wichtigeres, als das Vertrauen deiner Kinder zu gewinnen.« Glaubst du diese Aussage? Wenn ja, warum glaubst du sie? Begründe deine Überzeugung. Wenn du das nicht glaubst, was ist deiner Meinung nach das Wichtigste in Bezug auf deine Kinder? Womit kannst du das untermauern?
2. Wie würden deine Kinder dich in Sachen Vertrauen benoten? Welche Ziffernzensur würdest du erhalten? Denke an herkömmliche Schulnoten: 1, 2, 3, 4 und 5.
1 = meine Eltern sind vertrauenswürdig, während 5 = ich traue meinen Eltern absolut nicht über den Weg.

EPISODE 4: GESTERN IST VORBEI

1. Unsere Eltern. Unsere Mutter und unser Vater. Egal, ob es sich um Superstars oder Faulpelze oder etwas dazwischen handelte, sie ragten/ragen für uns immer hervor. Und ob es uns gefällt oder nicht, wir übernehmen einige ihrer Erziehungsmuster. Das ist unvermeidlich. Nenne eines dieser Erziehungsmuster. Ist das ein gutes Muster? Oder hasst du es, wenn du dich dabei ertappst, wie du dementsprechend erziehst?
2. Pass auf, superwichtige Frage jetzt. Weißt du, dass du genau jetzt vollkommen gerecht und heilig bist? Nicht erst eines Tages, nach genügend mühseliger Anstrengung und endlosen Leistungserweisen, sondern jetzt schon? Wenn du Ja geantwortet hast, woher kam dann diese Überzeugung? Aus

deiner Familie? Deiner Kirche? Hast du das in einem Buch entdeckt? Aber wenn du Nein geantwortet hast, was an dieser Aussage erscheint dir dann etwas abwegig oder gibt dir möglicherweise zu denken?

EPISODE 5: DER GESCHMACK VON DISZIPLIN

1. In dieser Episode ging es um den erzieherischen Umgang mit Geschmacksfragen im Vergleich zur Erziehung auf Grundlage von »richtig und falsch« und den Unterschied zwischen den beiden. Denke an die Konflikte, die du mit deinen Kindern am häufigsten hast. Haben sie meistens etwas mit Geschmack zu tun? Und ja, mit »Geschmack« meinen wir einen anderen als deinen.
2. Disziplinierung ist immer zum Nutzen desjenigen, der sie erhält. Disziplinierung sollte wohlüberlegt und zielgerichtet sein. Fällt dir ein Beispiel ein, bei dem dies in deinem Umgang mit deinem Kind nicht der Fall war? Wie hättest du es, im Nachhinein betrachtet, anders angehen können?

EPISODE 6: DER KERN DER SACHE

1. Du hast gehört, wie Jim seine Mutter vor Sarah und den Kindern positiv bestätigte. Gibt es jemanden in deinem Leben, auf den du verweisen kannst, jemanden wie Allison, der nicht aufhörte, dich zu lieben und an dich zu glauben, unabhängig von deiner damaligen Reaktion? Wie würde es für dich aussehen, diese Person positiv zu bestätigen? Wäre es

ein handgeschriebener Brief? Eine Rede vor der Familie oder vor Freunden? Ein Anruf?

2. Denke jetzt an jemanden am anderen Ende des Spektrums, jemanden wie Jims Vater Ray, dem du gern in den Hintern treten würdest. Es ist ziemlich wahrscheinlich, dass die Devise im Umgang mit dieser Person Vergebung lautet. Es ist gleichermaßen wahrscheinlich, dass du dich zum alleinigen Richter gegenüber dieser Person aufwirfst. Denke daran, bei der Vergebung gibt es eine bestimmte Abfolge: zuerst vertikal, dann horizontal. In dieser Reihenfolge. Wie würde es aussehen, diese Reihenfolge einzuhalten und auf die Person in Liebe zuzugehen?

EPISODE 7: DIE STRASSE ZU MEINEM HERZEN

1. Der Zugang zum Herzen muss verdient werden. Wie denkst du darüber? Ist das nur etwas, woran verrückte Leute jenseits der Zivilisation glauben? Oder ist da etwas Wahres dran? Denke in Bezug auf deine Kinder darüber nach. Wenn du diese Aussage glaubst, was tust du oder unterlässt du dann, um ihr Vertrauen zu gewinnen? Versuche hierbei präzise zu sein.

2. Sarah und Allison führten ein bedeutendes Gespräch in Dori's Tea Cottage. Sie machten dabei viel Boden gut. Blicke auf ihr Gespräch zurück. Welche eine Sache, die Allison sagte (es gab wahrscheinlich mehrere, aber wähle eine), ließ dich aufhorchen? Sie erregte vielleicht deine Aufmerksamkeit, weil es so wahr klang. Oder sie ließ dich vielleicht innehalten, weil du dir nicht ganz sicher warst (und bist), dass du sie verstehst.

EPISODE 8: WENN DU MICH AUFBAUST

1. Denke über die Gemeinschaft nach, in der du aufgewachsen bist; wenn es eine Glaubensgemeinschaft war, berücksichtige auch das. Wie wurde mit positiver Bestätigung verfahren? Wurde sie sparsam ausgeteilt, weil Hochmut vor dem Fall kommt? Oder wurde sie großzügig vergeben, freigiebig, mit Freude? Oder war es eine seltsame Kombination von beidem, abhängig von den beteiligten Persönlichkeiten?
2. Bist du risikofreudig? Ach, komm schon, warum nicht? Wie wäre es, wenn du Sarahs Bestätigungsübung ausprobierst, die sie mit ihrer Familie durchführte? Alles, was du brauchst, sind Stifte, Papier und drei positive Gedanken über die Menschen in deiner Familie. Und nachdem die Bestätigung erfolgt ist, können die Bestätigten darauf reagieren und mitteilen, wie sie sich dabei gefühlt haben. Erwarte aber nicht, dass es so läuft wie in der Episode. Kann es, muss es aber nicht. Worauf es ankommt, ist, dass du es riskiert hast, anderen zu vertrauen und dich selbst als vertrauenswürdig zu erweisen.

EPISODE 9: IM RING MIT DEN STIEREN DER REALITÄT

1. Hast du Angst, deine Kinder in deine schlechten Entscheidungen in der Vergangenheit einzuweihen? Dies ist üblicherweise eine Ja-oder-Nein-Frage und eröffnet keine Grauzone. Vielleicht erschreckt dich der Gedanke daran zu Tode, weil du dir ein paar üble Schnitzer geleistet hast. Erkennst du,

dass dich deinen Kindern gegenüber verletzlich zu zeigen sogar eine Schutzmaßnahme ist? Warum oder warum nicht?

2. Wäre es nicht schön gewesen, wenn diese Geschichte nach den Erlebnissen am Convict Lake geendet hätte? Keine großen roten Schleifen, aber jeder fühlte sich besser, einander näher. Aber das geschah nicht, und Jim und Sarah befanden sich auf einem Schlachtfeld von gewaltigen Ausmaßen. Und so brutal jene Konfrontation auch war (und das war sie), etwas war anders, als sich der Rauch auflöste, etwas zwar Chaotisches, aber doch Schönes. Überlege dir ein paar Worte, um zu beschreiben, wie du dich am Schluss dieser Episode gefühlt hast. Ja, das ist eine Gefühlsfrage, und selbst wenn du keine gefühlsbetonten Fragen magst, glauben wir, dass du mit dieser einen klarkommst.

EPISODE 10: EINER, DER ÜBER MICH WACHT

1. Stelle deinem Kind diese Frage auf altersgerechte Weise: »Was könnte ich tun, um dein Vertrauen zu gewinnen?« Und dann sei mit allem einverstanden, was es dir sagt. Vertraue dem Gott, der dich geschaffen hat, die Mutter oder der Vater zu sein. Und fang an, die Reise zu genießen, denn, meine Güte, sie ist schnell vorbei. Glaub uns.

Wenn ihr von der fantasievollen Freiheit dieser Geschichte berührt wurdet und helfen wollt, sie anderen auf breiterer Ebene zugänglich zu machen, laden wir euch ein, mitzumachen beim …

PROJEKT
»GLÜCKLICHES FAMILIENLEBEN«

Mundpropaganda ist nach wie vor das effektivste Werkzeug für ein Buch wie dieses, um in der Kultur Gehör zu finden.

Verschenkt das Buch an Freunde und Bekannte. Sie werden nicht nur eine aufregende Reise erleben, sondern auch einen Eindruck vom wahren Gesicht Gottes bekommen.

Um zu bestellen, geht auf gracetoday.de. *Glückliches Familienleben* ist auch als E-Book auf allen gängigen Plattforen erhältlich (ePub und Kindle).

Wenn ihr eine Facebook-Seite, einen Blog oder eine Website habt, erwägt gern, über das Buch zu schreiben – ohne die Geschichte zu verraten.

Wenn ihr einen Laden oder ein Unternehmen besitzt, überlegt euch, ein Musterexemplar von *Glückliches Familienleben* für eure Kunden auszulegen und das Buch eventuell selbst zum Verkauf anzubieten. Oder erwerbt einen Satz Bücher für Büchertische in Gemeinden, für den geistlichen Dienst in Gefängnissen oder in Rehabilitationseinrichtungen, sodass möglichst viele Menschen durch *Glückliches Familienleben* Hoffnung und Freude finden können.

Folgt uns auf Instagram: @truefacelife
Folgt uns auf Twitter: @truefaced
»Likt« unsere Facebook-Seite: facebook.com/truefacecommunity
Hilfsmittel für Kleingruppen und die Churchwide Series verfügbar unter trueface.org

Vielen Dank, dass ihr mit uns Träger des Heilmittels seid

John & Stacey
Bruce & Janet
Bill & Grace

DANK

Ein Buch über Erziehung zu schreiben ist nicht so, wie ein Buch über die Zukunft von Plutonium zu schreiben. Bei einem Erziehungsbuch können Leser auf Grundlage ihrer Erfahrung kritisch beleuchten, ob man weiß, wovon man spricht, oder nicht. Wie zum Beispiel eure eigenen Kinder.

Sie alle mussten unsere Misserfolge in genau den Wahrheiten erleben, die wir euch bitten zu betrachten. Das alles wäre nur Theorie und eine Mogelpackung, wenn unsere Kinder nicht Gott vertraut und uns die Erlaubnis gegeben hätten, Eltern zu werden, die ihr Vertrauen gewinnen können.

Bill und Grace danken Bill, Wende und Joy. John und Stacey danken Caleb, Amy und Carly. Bruce und Janet danken Nicole, Chad und Ryan.

Die Worte reichen nicht aus, um jedem von euch zu danken.

Alle sechs von uns Autoren fühlen sich geehrt, den folgenden Freunden ein großes Dankeschön auszusprechen.

Im Laufe der Jahre haben viele von euch uns nachdrücklich darum gebeten, ein Buch über gnadenbasierte Erziehung zu schreiben. Mittlerweile haben viele eurer Kinder ihre eigenen Kinder! Vielen Dank an euch alle, dass ihr uns angespornt habt, sodass viele Eltern dieses Buch endlich in ihren Händen halten.

Mehr als fünfzig Eltern investierten zudem ihre Zeit in das Lesen von Manuskriptentwürfen und machten wichtige Vorschläge, die die Klarheit und den Fluss verbesserten. Wir wissen, wer ihr seid, und wir danken euch.

Wir haben in diesem Buch nicht ausreichend Platz, um unseren Vorstandsmitgliedern, unserem Beratungsgremium und den

Freunden von Trueface angemessen zu danken. Sie alle sind unsere geschätzten, engagierten Freunde. Sie und ihre Familien bringen beträchtliche Opfer. Von den Mitteln bis hin zu den Zeitplänen stehen sie mit uns Arm in Arm zusammen in dieser Botschaft von Gottes Erlösung, Gnade und Bestimmung. Sie ermutigen, beschützen und beten ständig für uns. Sie begleiten uns auch in dem Lernprozess, wie wir diese uralte Botschaft in die Welt hinaus tragen können.

Die engagierten Mitarbeiter von Trueface haben die Wahrheiten des neuen Lebens in Christus geglaubt und leben sie. Sie sind nicht einfach nur Mitarbeiter, sondern leidenschaftliche und begabte Diener, die sich dem Risiko dieses von uns versprochenen Lebens verschrieben haben. Wenn ihr an unserem Hauptsitz in Phoenix oder an einem der verstreut liegenden Orte vorbeikommt, an denen unsere Mitarbeiter und Dozenten arbeiten, werdet ihr die sehr realen, chaotischen, schönen und authentischen Zeichen einer Umgebung der Gnade erleben. Vielen Dank, liebe Teammitglieder.

Dank sei dem Team von CrossSection (CrossSection.com), weil es zutiefst an die Botschaft und das Leben glaubt, das wir gemeinsam teilen. Dann gibt es noch die vielen Unternehmen, Stiftungen, Institutionen, geistlichen Dienste und Gemeinden, einschließlich Open Door Fellowship, die weiterhin heldenhaft an diesem großen Experiment der Gnade und Identität in Christus festhalten.

Seit einiger Zeit beobachten und bewundern wir das Schaffen von John Blase (johnblase.com). Jetzt haben wir das Vorrecht, mit ihm zusammenzuarbeiten. John hat geholfen, den Ton, die Klarheit und die Prägnanz hervorzubringen, von denen er wusste, dass wir sie wollten. Es ist ein seltener Fall, einen kreativen Lektor zu finden, der eine Sichtweise und Theologie so mit uns teilt wie er. John war für dieses Buch eine enorme Hilfe. Matt Johnson hat ebenfalls seine Talente in die Bearbeitung dieses Buches eingebracht.

Linda Harris (perfectwordediting.com) hat wieder einmal versiert und gründlich unsere Worte durchforstet, um Ungereimtheiten, Tippfehler und Grammatikprobleme zu erwischen und generell jegliches Nichtvorhandensein von echter Sprachbeherrschung auszugleichen.

David und Kelsie Pinkerton schrieben das Vorwort für dieses Buch. Wir vertrauten ihnen auch, dass sie uns helfen, die Geschichte mit den Augen von Eltern in ihren Dreißigern genau zu sehen. Die vier Paare, die zwischen dreißig und siebzig Jahre alt waren, vertrauten sich gegenseitig, unterstellten sich einander und lachten gemeinsam so sehr, dass es illegal sein sollte. David und Kelsie werden diese Botschaft noch lange weitertragen, wenn einige von uns schon die Radieschen von unten sehen.

Oh, übrigens, die drei Paare – Bill und Grace, John und Stacey, und Bruce und Janet – lieben, respektieren und beschützen sich immer noch von ganzem Herzen. Die Beziehungsgewässer sind nicht immer ruhig, da wir drei Paare ein Team von sehr unterschiedlichen und starken Persönlichkeiten bilden. Gott hat in den letzten zwanzig Jahren seine Hand übers uns gehalten. Er hat uns beigebracht, wie wir gemeinsam in hingebungsvollen Liebesbeziehungen Fortschritte machen können, indem wir die Art von unverdienter und unglaublicher Gemeinschaft erleben, von der ihr in *Das Heilmittel* lesen könnt.

ÜBER DIE AUTOREN

BILL & GRACE THRALL

Als er junger Wirtschaftsprüfer und erster stellvertretender Generalrechnungsprüfer von Arizona war, verließ Bill zusammen mit seiner Frau Grace die Geschäftswelt, um Open Door Fellowship zu gründen. Die Thralls waren dort über 25 Jahre als Pastoren tätig. Diese Glaubensgemeinschaft wurde zu einem regionalen Einfluss für die Förderung vieler junger Führungskräfte und ihrer Dienste. Zum Beispiel ist Neighborhood Ministries aus dieser Gemeinschaft entstanden und Bill war Mitglied der Gründungsvorstände von Frontiers und Christian Family Care. Bill und Grace ließen ihre Erkenntnisse in *Das Heilmittel, The Ascent of a Leader, Bo's Café, Behind the Mask* und *High Trust Cultures* einfließen. Bill ist besonders begabt darin, Führungskräften bei der Vertrauensbildung in allen ihren wichtigen Beziehungen zu helfen, von CEOs internationaler Unternehmen bis hin zu Leitern von Missionsorganisationen und Universitäten. Bill und Grace haben drei erwachsene Kinder: Bill, verheiratet mit Charlotte, Wende, verheiratet mit Jim, und Joy, verheiratet mit Joe. Daraus sind bisher neun Enkelkinder und ein Urenkel hervorgegangen. Bill und Grace haben schon Tausende in ihrem Haus beherbergt, wobei Bill jede Gelegenheit nutzt, schöne Holzmöbel zu bauen und mit seiner Familie und seinen Freunden zum Golfen oder Fliegenfischen zu gehen.

JOHN & STACEY LYNCH

John und Stacey leben in Phoenix, Arizona, wo sie auch ihre Kinder aufgezogen haben. John war dort 27 Jahre lang als Lehrpastor von Open Door Fellowship tätig. Die Authentizität, Langlebigkeit und verspielte Art dieser beiden Gemeinschaften, Open Door und Trueface, bringen geerdete Realität und Kraft in die Botschaft von Trueface. John spricht nicht nur ausgiebig mit dem Trueface-Team, sondern ist auch Bestseller-Co-Autor von *Das Heilmittel*, *Bo's Café*, *Behind the Mask* und Autor seiner eigenen Geschichte *On My Worst Day*. Auf beeindruckende Weise führte John auch die klassische »Zwei Wege, zwei Räume«-Allegorie[1] aus, die die drei Co-Autoren für *Das Heilmittel* erschufen. Diese Rede kann auf verschiedenen Social-Media-Kanälen angesehen oder angehört werden. Auch Stacey trägt eine Gabe für Kommunikation und hat schon Hunderten von Familien und Kindern als Logopädin gedient. John und Stacey schaffen oft Wohlfühlumgebungen auf ihrer Gartenterrasse oder anderswo, in denen Menschen authentische Gemeinschaft genießen können. Sie sind leidenschaftliche Eltern ihrer drei Kinder: Caleb, verheiratet mit Kali, mit den Enkelinnen Maci und Payton; Amy, verheiratet mit Cody, mit den Enkelkindern Ridge und Navy; und Carly.

---

1 https://youtu.be/yV7PhqlYK5g

BRUCE & JANET MCNICOL

1995 zogen die McNicols von Chicago nach Phoenix, um Trueface zusammen mit den Thralls zu gründen, wo Bruce seit nunmehr 21 Jahren als Vorsitzender fungiert. Bruce und Janet, die Erfahrungen aus ihrer beruflichen Laufbahn in der Pflege einbringt, profitieren davon, mit Führungskräften aus dem Gesundheitswesen und Fachleuten aus den Bereichen Unterhaltung, Sport, Regierung und Kirche zusammen zu sein, indem sie Wege eröffnen, auf denen diese Leiter die Heilung und Freiheit der ursprünglichen guten Nachricht erleben können. Gott gebraucht die Führungsqualitäten der McNicols, damit Trueface vielen Tausenden auf der ganzen Welt zu tiefgreifenden Offenbarungen der Gnade verhelfen kann. Mit Abschlüssen in Finanzwesen, Jura, Theologie, Führungskräfte- und Organisationsentwicklung hat sich Bruce' Begabung, verschiedene Zielgruppen zu lehren und für sie zu schreiben, im Amazon-Bewertungsschnitt von über 4,5 bei den Bücher, an denen er als Co-Autor mitwirkte, bestätigt: *Das Heilmittel*, *The Ascent of a Leader*, *Bo's Café*, *Behind the Mask* und andere. Bruce und Janet haben von ihren drei wunderbaren Kindern und deren Ehepartnern eine lebensverändernde Nachhilfe erhalten: Nicole, verheiratet mit Kory, mit den Enkeln Willo und Elliott; Chad, verheiratet mit Erica, und Ryan. Wenn es die Zeit erlaubt, sprechen die McNicols gern internationale kulturelle Bedürfnisse an, betreuen junge Führungskräfte und Paare, und sie mögen Wandern, Lesen, Reisen, Sport, Comedy und Kunst.

DIE MISSION VON TRUEFACE

TRUEFACE.ORG – TRÄGER DES HEILMITTELS

Trueface ist Teil einer weltweiten Bewegung, die erleben will, wie Millionen hochgradig vertrauenswürdiger Gnadengemeinschaften auf der ganzen Welt entstehen und sich vermehren. Denn wir glauben, dass die Gnade alles verändert!

Die Gnade verändert, wie wir die Bibel lesen und ihren Wahrheiten vertrauen. Die Gnade verändert, wie wir das wahre Gesicht Jesu sehen, und unseren Wunsch, ihm zu folgen. Die Gnade verändert, wie wir heilen, reif werden und die Träume ausleben, die Gott für uns hat. Die Gnade verändert, wie wir in unseren Ehen, Familien und Freundschaften eine sichere Umgebung schaffen. Die Gnade verändert, wie wir Vorurteile, Diskriminierung und Unterdrückung beseitigen. Die Gnade verändert, wie wir mit Konflikten, Sünde, Wut, Sucht, Scham und Misserfolg umgehen. Die Gnade verändert, wie wir vergeben, Buße tun und emotional gesunde Beziehungen entwickeln.

Die Gnade verändert, wie wir unsere Glaubensgemeinschaften lehren, motivieren, anleiten und inspirieren. Am wichtigsten ist, dass die Gnade verändert, wie wir Gott, uns selbst und andere sehen.

Die Gnade verändert alles!

Um diese ursprüngliche gute Nachricht für euch wiederherzustellen helfen, bietet Trueface eine Vielzahl von Hilfsmitteln für eure Reise an, darunter Bücher, Arbeitsbücher, Veranstaltungen, Retreats, Videos, Podcasts, Social Media, Online-Lehrgänge für

Gruppen, Beratung und Partnerschaften. Wir glauben, dass ihr in diesem Beziehungsprozess das wahre Gesicht Jesu entdecken könnt, vielleicht erneut, vielleicht auch zum ersten Mal. Er ist die Quelle jeder hochgradig vertrauenswürdigen Gnadengemeinschaft.

NEHMT KONTAKT ZU UNS AUF:
INFO@TRUEFACE.ORG

DAS HEILMITTEL

Wir dachten, wir wären geheilt, doch die meisten von uns haben unbewusst eine alte, leblose Sichtweise in ihr neues Leben hineingebracht. Dieses Buch stellt die Diagnose, dass die Menschen wie besessen davon sind, ihre Sündenprobleme auf eigene Faust zu bewältigen. Das hat die Gemeinde vergiftet und die ursprüngliche Gute Nachricht verschleiert. Wir haben einen Maßstab aufgestellt, dem wir nicht gerecht werden konnten – und so haben wir uns eingeredet, es sei Gottes Maßstab. Manche von uns haben sich von dieser Farce verabschiedet und sind zynisch, misstrauisch und gleichgültig geworden. Unsere Ehen, Gemeinden, Familien, Freundschaften, unsere Kultur ... sie alle brauchen das Heilmittel, das allein uns heilen und befreien und nachhaltige, authentische, liebevolle und lebenspendende Gemeinschaft hervorbringen kann.

Doch Gottes Heilmittel taucht selten in der Form auf, in der wir es erwarten ...

181 Seiten, Paperback, ISBN 978-3-95933-055-8
Auch als E-Book erhältlich.

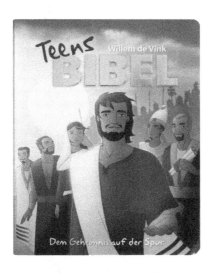

TEENS-BIBEL

Lass dir ein Geheimnis erzählen …

Die Bibel ist das meist gelesene Buch der Welt. Sie ist nämlich ein ganz besonderes Buch – ein Buch, in dem sich ein großes Geheimnis verbirgt. Das mag sein, denkst du vielleicht, aber die Bibel ist doch so dick … und dazu noch kompliziert!

Doch in der Teens-Bibel nehmen dich 250 außergewöhnliche und leicht erzählte Geschichten auf eine spannende Entdeckungsreise mit. Nach und nach bringen sie das Geheimnis ans Licht. Dabei helfen viele farbenfrohe und detailreiche Illustrationen, die die Geschehnisse noch lebendiger werden lassen. Lerne berühmte Helden wie Abraham, Josef und Daniel kennen und entdecke die spektakulären Wunder, die Jesus tat. Finde den roten Faden in den Erzählungen und entschlüssle mit seiner Hilfe die geheimen Symbole, die in den Illustrationen verborgen sind. Folge dem Faden weiter und du wirst erfahren, wie du durch Jesus eine ganz besondere Beziehung zu Gott haben kannst. Staunend wirst du entdecken: Gott liebt mich über alles und möchte mich großzügig beschenken!

Entdecke selbst das Geheimnis, um das sich in der Bibel alles dreht!

591 Seiten, gebunden, ISBN 978-3-95933-033-6

WEITERE BÜCHER ÜBER
DAS EVANGELIUM DER GNADE
FINDEST DU UNTER:

WWW.GRACETODAY.DE